JN136574

続 白石範孝の「教材研究」

「課題」から生まれる「問い」とその論理的な解決

白石範孝［著］

東洋館出版社

はじめに

教科書には、さまざまな教材が掲載されています。その教材は、それぞれに異なる特徴や論理をもっています。ということは、教材が異なれば授業内容も展開も違うものになってくるはずです。国語の授業づくりにおいては、使用する教材の特徴や論理を生かした指導内容、指導形態、学習活動等といったものを考えていかなければなりません。

そのために教師は、教材研究をして授業にのぞむのです。

なお、私の教材研究においては、混同されがちな「教材分析」と「教材研究」を次のように明確に区別しています。

- **「教材分析」**…それぞれの教材のもつ特徴や論理をとらえること
- **「教材研究」**…教材分析によって明らかになった特徴や論理を生かした授業計画を立てること

教材でも変化のないパターン化された授業が行われることになります。本書では、「教材分析」に重点をおいて、それぞれの教材の特徴や論理を考えてみました。

本書では、令和六年度から使用されている新教材を具体的に分析し、その教材がもつ特徴を洗い出しました。その分析においては、最も重要なこととして、次の二点を基本的な考えとしました。

① **文章や作品を丸ごととらえ、全体を俯瞰した読みをします**

「どんな事例から、何を主張したいのか？」（説明文）、「なぜ、そのように変わったのか？」

（物語文）というような因果関係をとらえられるようにします。

② **文章や作品を以下のような三部構成でとらえ、全体のつながりを読むこととします**

説明文の場合

■「話題・課題の部分」〜「具体例・事例の部分」〜「まとめ・主張・要旨の部分」

物語文の場合

■「設定の部分」〜「山場の部分」〜「結末の部分」

本書であげた分析は、私個人の教材のとらえ方です。もっと多くの視点で分析すれば、もっと違う教材の特徴が見えてくると思います。ここにあげた分析を一つのたたき台として、さらなる教材の特徴を見つけていただきたいと思います。

最後になりましたが、本書の企画や出版をしてくださいました東洋館出版社西田様、そして装文社金子様に御礼を申し上げます。ありがとうございました。

令和六年九月

明星大学教授
白石 範孝

INDEX

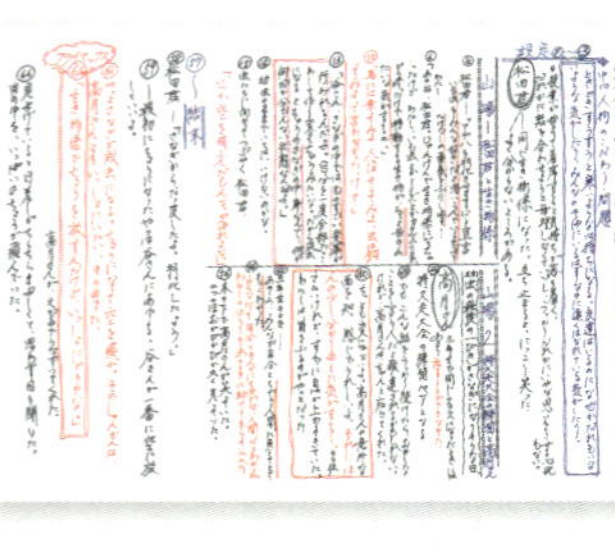

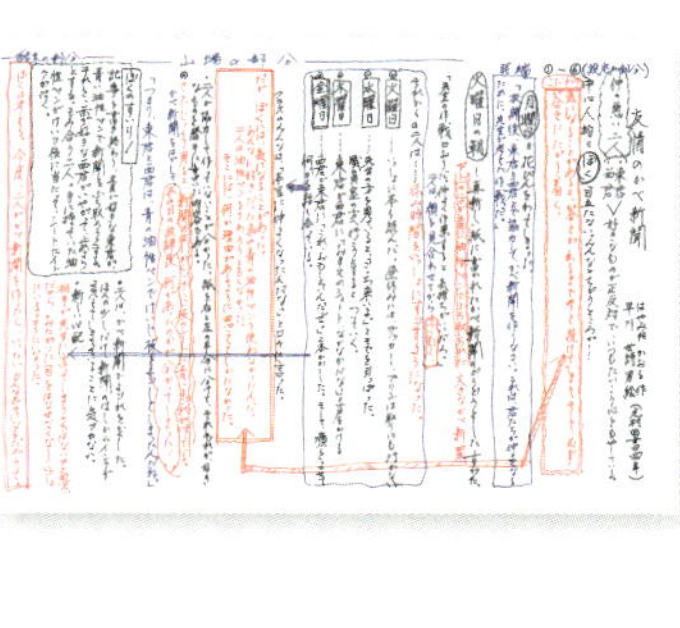
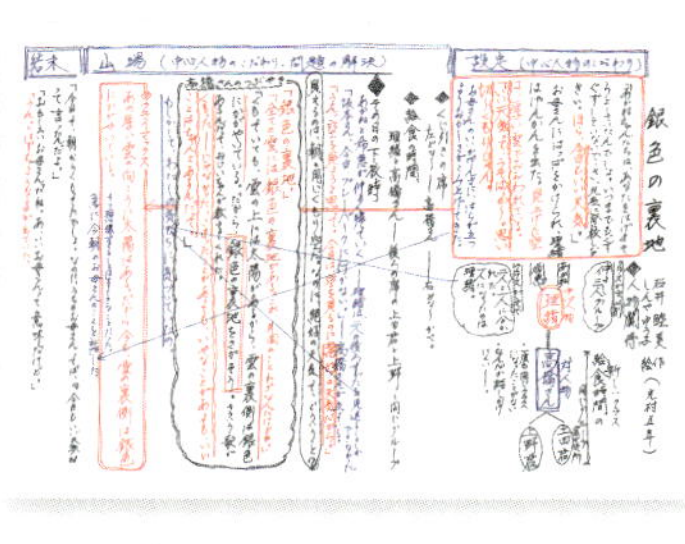
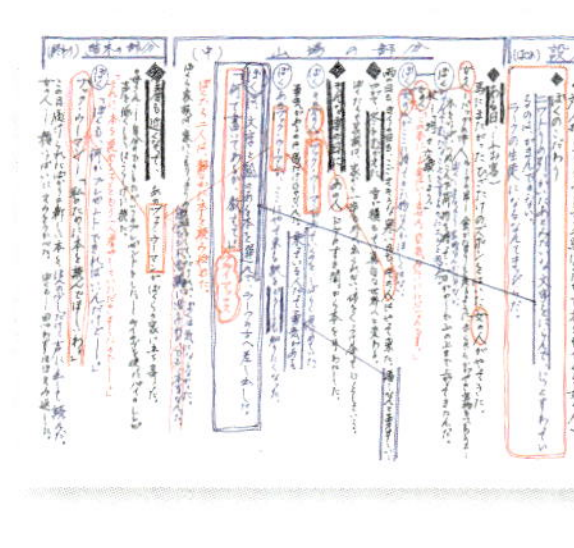

III 新教材の教材分析と単元構想 説明文編

I

教材分析の鉄則

【問い】の解決による汎用的な力の習得

国語の学習において大切なことは、その学習を通して身につけた「読む力」「書く力」「話す力」が、他の教材の学習はもちろん、子どもたちの日常生活の中で生かすことができるものであるということです。したがって、特定の教材「を」教えるのではなく、その教材以外でも使うことができる「汎用的な力」を教材「で」教えることが必要です。

汎用的な力を習得するために必要なことが、もう一つあります。子どもたち自身の中に「それを学びたい・知りたい」という気持ちがあるということです。教師から課題を出されても、本心から「それを解決したい」という思いはなかなか生まれてきません。「言われたから取り組む」だけです。学びが表面的なことになってしまい、他でも生かしてみようという気持ちにはなかなかなりません。

子どもたち自身の中から生まれた「どうしてズレるの?」「これを知りたい!」がもとになって得た学びは、子どもの中にしっかりと根付き、さまざまな場面で活用されます。まさに「汎用的な力」です。

教師が示す【課題】は、そういった、子ども自身の中から生まれる【問い】に結びつくものでなければならないのです。

本書では【課題】【ズレ】【問い】について、次のように考えています。

課題	授業の最初に行う教師の発問。 子ども同士の【ズレ】や、子ども自身の中に生じる【問い】に結びつくものでなければならない。
ズレ	子ども一人ひとりの、【課題】や【活動指示】に対する結果の違い。 【ズレ】が生じることで、子どもは「だって……」と説明の根拠を求め始める。
問い	【ズレ】の解決の課程で子どもたちの中に生じる疑問。 【問い】の解決は「用語」「方法」「原理・原則」を用いた論理的な思考に基づいて行わなければならない。また、【問い】を解決することによって、子どもたちは【技】を習得することができる。

教師が示す**「課題」**

「課題」解決のために、教師が示す**「活動指示」**

子どもたちは「活動指示」にしたがって活動

子ども同士の思考の**「ズレ」**

子どもの中に「ズレ」を解消したいという気持ちが生じる

子ども自身の中に生じた**「問い」**

「用語」「方法」「原理・原則」を活用し、「問い」を解決する

「課題」は、その教材の学習を通じて習得できる「技」に結びつくような「問い」「ズレ」を生み出すものでなければならない。

教材**分析**によって明らかにする

「問い」の解決を通じて子どもが**「技」**を習得

＝

学習目標・めあて

汎用的な力

どんな**力(技)**を習得することができるのかは、教材の特徴から判断する(教材の論理)。

教材**研究**によって明らかにする

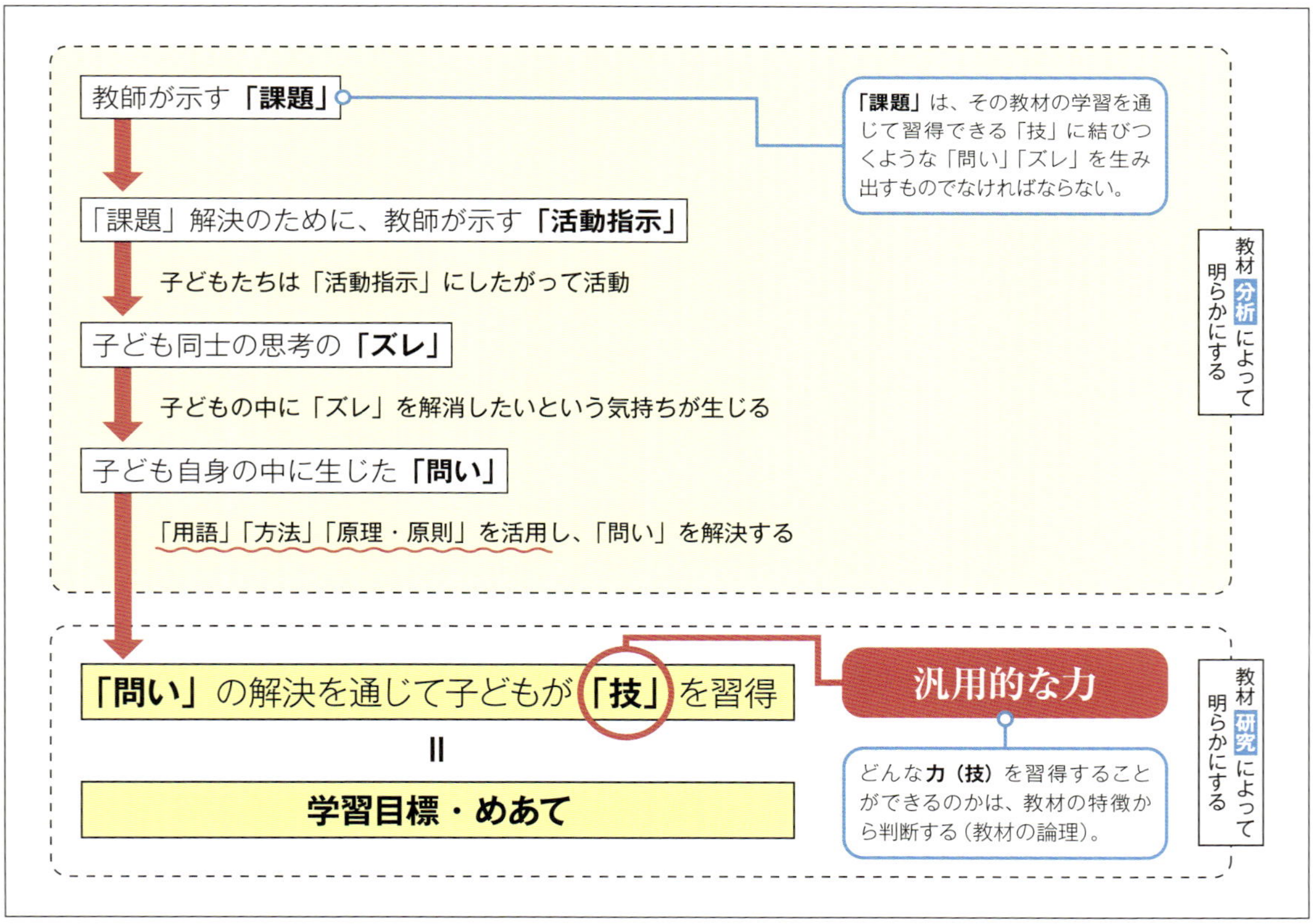

「教材分析」と「教材研究」とは？

学校現場においては、「教材分析」と「教材研究」の区別が曖昧だったり、そもそも区別せず同じものとして扱われていることも多いようです。たとえば、「教材分析をしましょう」という研究会で、「ワークシートは、どんなものにしますか？」「どんな言語活動をしますか？」など、「授業の中でどのような活動をするのか？」が話し合われる――といったようなことです。

「教材研究」と「教材分析」のきちんとした区別ができていないので、その内容もいい加減になってしまっているのです。

それぞれの内容の違いを区別し、その目的を明確にして、それぞれの活動を考えていくことが重要なのです。

教材分析

その教材がどのような仕組みでできているのか、どのような特徴をもっているのかを明確にすること。たとえば、「物語の読みの10の観点」のように一定の分析の観点（下表参照）をもつことが大切である。

教材研究

教材分析によって明らかになった教材の特徴や仕組みをもとに、その教材で子どもたちにどのようなことを学ばせるのかを明確にし、授業の方向を考えること。

授業の方向を考える際に大切なのは、「教材を教える」ではなく、「教材で教える」という考え方である。「教材で教える」とは、その教材の学習の場だけ通用する力ではなく、他の教材の読みにおいても活用できる力「汎用的な力」を、子どもたちに獲得させることである。

物語の読みの10の観点

	観点	例
1	題名	中心人物の名前／作品の山場／作品の主題　など
2	段落	時／場所／季節／時代／人物の状況／話のきっかけ　など
3	人物	登場人物／中心人物／対人物／人物関係図　など
4	表記	「　」（かぎかっこ）／、（読点）／。（句点）／……（三点リーダー）　など
5	構成	基本三部構成／場面／伏線／対比　など
6	繰り返し	言葉／文／記号／構成　など
7	視点	語り手／一人称限定視点／三人称限定視点／三人称客観視点　など
8	中心人物のこだわり	事件・出来事／対人物／中心人物の変容／作品の主題／繰り返し　など
9	クライマックス	中心人物の変容点／視点の転換／中心人物のこだわり／山場／一文で書く／題名／主題　など
10	一文で書く	中心人物の変容／中心人物のこだわり／三部構成　など

説明文の読みの10の観点

	観点	例
1	題名	話題・課題／題材や事例／筆者の主張　など
2	段落	形式段落／意味段落／主語連鎖　など
3	指示語・接続語	指示内容／逆接の接続語／接続助詞　など
4	基本三文型	頭括型／尾括型／双括型
5	要点・要約・要旨	三部構成／具体と抽象／筆者の主張　など
6	構成	文章構成図／問いと答えの関係／具体と抽象／基本三部構成／筆者の主張　など
7	繰り返し	言葉・文・記号の繰り返し／双括型の文章　など
8	比較しているもの・こと	具体例／表に整理する／筆者の主張／要旨／対比・類比　など
9	一文で書く	要約／文章構成図／題名／筆者の主張　など
10	筆者の主張	要約／具体と抽象／三部構成／一文で書く／題名　など

物語文の教材分析の方法

教材分析を行う場合に忘れてはならないのは、教材分析はその後の教材研究や授業のために行うのだということです。分析をどんどん深めていくことは可能ですが、分析することで満足してしまう「分析のための分析」になってしまったのでは意味がありません。「国語の学習」につながる「教材文の特徴」を明らかにするのが、教材分析なのです。これが「教材『を』教えるための教材分析」と「教材『で』教えるための教材分析」の違いです。

＊　＊　＊　＊　＊

さて、国語の学習において「物語を読む」ことを突き詰めると、「中心人物の変容を読む」ということになります。「物語」とは、「中心人物の変容にまつわるあれこれ」を描いたものだからです。

物語文の学習では、「主題をとらえる」といったことを行いますが、主題は中心人物の変容を通して描かれています。したがって「中心人物の変容を読む」ということを、読みの土台として持ち続けることが大切です。

なお、物語文の教材分析を行うときには、登場人物や中心人物の定義をしっかりおさえておいてください。

続いて、登場人物をとらえます。登場人物とは、話す、動く、考えるなど、人のように自分の意志で行動する人物です。人間以外の生き物や、無生物が登場人物になる場合もあります。前述の通り、人のように自分の意志で行動するのであれば、登場人物です。一方、人間であっても、例えば名前が出てくるだけでその言動の描写がなければ、登場人物とはいえません。

登場人物のうち、物語の冒頭と結末で比較したときに最も大きく変容した人物が、中心人物です。物語は、中心人物を核としてさまざまな登場人物が関わっていく中で、事件・出来事が起き、中心人物が変容していきます。物語の中で大きく変容している登場人物でも、物語の途中から登場したり、反対に、途中から描かれなくなってしまう人物は、中心人物ではありません。

教材分析の手順【物語文】その1　基本三部構成と登場人物をとらえる

物語文教材の教材分析を行う場合、まずは物語全体を〈はじめ（設定の部分）〉〈なか（山場の部分）〉〈おわり（結末の部分）〉の三つに分けてとらえる「基本三部構成」を明らかにします。これによって、作品全体を俯瞰してとらえることができるようになります。

基本三部構成と登場人物を明らかにすることで、物語全体の大まかな部分を丸ごととらえることができます。

教材分析の手順【物語文】その2　中心人物の変容をとらえる

「変容」とは見た目や行動の変化や、明らかな心情の変化だけでなく、「こだわりの成就」も含まれます。たとえば物語の冒頭でもっていた強い「願い」が結末でかなっていた場合には、その人物は変容したことになります。そして、大きく変容した人物を「中心人物」といいます。

変容以外に中心人物をとらえる手掛かりになるのは、語り手が誰に寄り添っているかということです。語り手が最も寄り添っているのが中心人物です。

中心人物の変容については、まず「どのように変容したのか（変容前と変容後のちがい）」をとらえなければなりません。変容前の様子については基本三部構成の〈はじめ〉である「設定の部分」に描かれています。設定の部分に描かれている中心人物と、「結末の部分」に描かれている中心人物との違いが、「変容」です。物語の設定をきちんととらえておく必要があるのは、それをおろそかにすると中心人物の変容をとらえられなくなってしまいます。

また、「何によって変容したのか（変容の過程、変容のきっかけ）」もとらえることが大切です。その部分に、主題につながる要素が含まれているからです。

登場人物の中で中心人物以外に特別な存在と言えるのが「対人物」です。対人物は中心人物と深く関わり、中心人物の変容にも関与します。したがって、中心人物の変容について詳しくとらえるためにも、対人物は誰なのかを明らかにしておく必要があります（対人物がいない物語もあります）。

教材分析の手順【物語文】その3　クライマックスをとらえる

物語の中で中心人物が最も大きく変容する変容点がクライマックスです。会話文か描写の文の一文で、多くは語り手の視点の転換のすぐ後にあります。

物語には伏線が描かれていることがありますが、クライマックスに結びつき、そこで伏線回収が行われる場合もあります。伏線は、作者が物語の中に仕組んだ仕掛けで、広い意味では設定も伏線の一種であるといえます。中心人物の変容に関係する伏線は、物語の主題にも関わってきます。

なお、中心人物とその変容をとらえると、その物語を次のような形で一文で書くことができます。もし一文で書くことが難しいと感じたり、共同で教材分析を行っている場合などに「一文」の内容にズレが生じるような場合には、中心人物やその変容のとらえ方が不十分であることが考えられます。

物語を表す一文

（中心人物）が、（事件・出来事）によって、（変容）する／になる話。

教材分析の手順【物語文】その4　主題をとらえる

主題とは、物語の作者が、その作品を通じて描こうとしたことです。クライマックス（中心人物の変容点）やその原因を抽象化したものです。

物語の中の世界だけでなく、一般的な価値観を表すものだといえるでしょう。

中心人物の変容については物語の中に叙述がありますが、主題は直接的な叙述はありません。そのため、「クライマックスに関係する叙述」「中心人物のこだわりに関する叙述」「題名や作品の中のキーワードが象徴しているもの」などを手がかりにとらえます。

一般的な価値観を表すものですから、主題をまとめる文章は、「人は……」という書き出しで始めます。作品に出てくる固有名詞や具体的な事件・出来事を使わず、作品の中の因果関係を抽象化してまとめます。

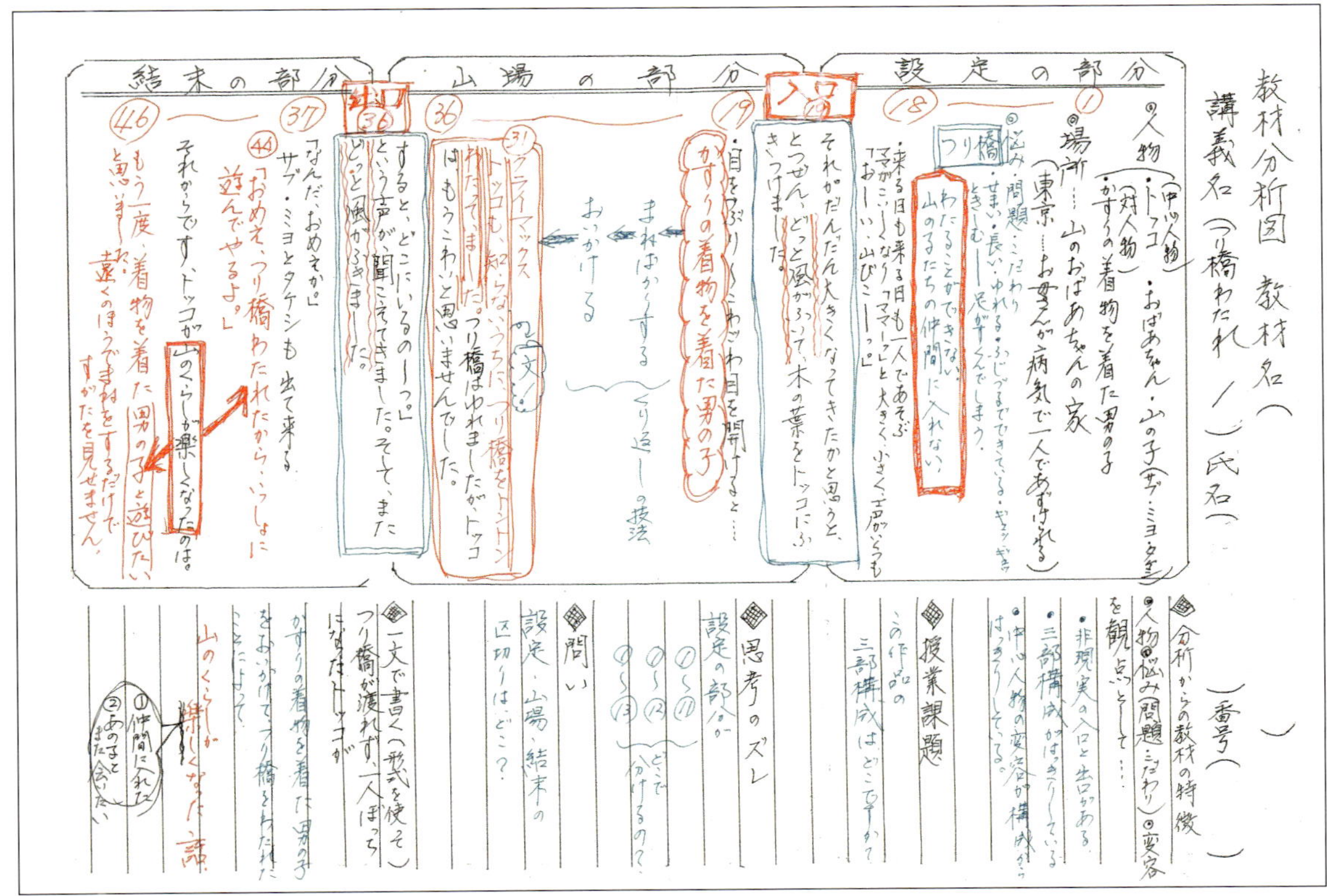

白石範孝の教材分析メモ（物語）

説明文の教材分析の方法

説明文とは、一般に「論理的文章」とくくられますが、細かく見ると次の三種類に分類されます。

- **論説文**…筆者が、自分の意見を述べる文章
- **説明文**…事実を伝え、筆者の意思や意見が書かれていない文章
- **随　筆**…自己の見聞・体験・感想などを自由な形式で書いた文章

「国語の学習において物語の読みは、中心人物の変容を読むこと」と述べましたが、同様に「説明文の読みは、筆者の主張を読むこと」だといえます。ここで言う「主張」とは、「筆者の考え、伝えたいこと、見聞・体験などの感想」といった意味です。

「筆者の意見」がない、事実のみを伝える説明文であっても、筆者がその文章を通して伝えようとする事柄があります。それを読み取るのが、「説明文を読む」ということになるのです。

教材分析の手順【説明文】その1　形式段落をとらえる

説明文の教材分析を行う場合は、まず、形式段落に段落番号をつけ、その説明文がいくつの形式段落によってできているのかを把握することから始めます。これは、教材分析を行う場合だけでなく、授業においても同じです。段落番号は文章構造図や文章構成図をつくるときには不可欠ですし、授業中の話し合いや指示もスムーズになります。

続いて、「段落の主語」をとらえます。段落の主語とは、一つの形式段落の中で中心となっている語のことです。形式段落を構成する各文の動詞の主語や、繰り返し出てくる語などが段落の主語となる場合が多く見られます。

各段落の段落の主語が明らかになると、要点をまとめることができます。国語の学習における「要点」とは、一つの形式段落の中で筆者が述べようとしたことを、短い文にまとめたもののことです。日常生活における「要点」の意味とは若干異なりますので注意してください。要点をまとめる方法は、①その形式段落を構成する各文の役割をとらえる、②その中から「大切な一文」を抜き出す、③体言止めで短くまとめる（このときの体言が、段落の主語）――となります。

教材分析の手順【説明文】その2　意味段落をとらえる

形式段落をとらえたら、次は意味段落をとらえます。意味段落は、「主語連鎖」によってとらえます。

主語連鎖とは、段落の主語が同じ形式段落のまとまりのことです。段落の主語が同じだということは、それらの形式段落は同じ事柄について述べているということであり、そのまとまりが意味段落です。

このとき注意が必要なことが二つあります。一つは「語としては異なるが同じ主語として扱う場合がある」ということです。たとえば、「人間」が主語の段落が続いた後に「私たち」が主語の段落があった場合、「私たち」は「人間」ですから、主語連鎖が続いているととらえられます。もう一つは「主語連鎖の途中に、主語が異なる段落がある」という場合です。ここで主語連鎖が途切れているようにみえますが、主語が異なる段落が、その直前の段落で述べていることを支えるための内容である場合、段落の主語は異なっていても主語連鎖は続いていることになり、同じ意味段落であるととらえられます。

意味段落をとらえる際には、「問いと答え」の関係を考慮する必要もあります。説明文の中には、筆者が「問い」を提示し、事例などを根拠としながら「答え」を示しているものもあります。この場合、「問い」の示し方や、その問いを支える段落の有無、「答え」の示し方やそれを支える事例の有無や数などによって、「問いと答え」で一つの意味段落となる場合もあれば、「問い」の段落と「答え」の段落を分ける場合もあります。

教材分析の手順【説明文】その3　文章構造図を書き、基本三文型をとらえる

文章構造図とは、形式段落のまとまりを、内容や役割をもとに図に表したものです。文章構造図を書くことによって、基本三部構成が明らかになります。

説明文の基本三部構成は〈はじめ（話題・課題）〉〈なか（事例・具体例）〉〈おわり（まとめ・主張・要旨）〉ですが、低学年の教材では〈おわり〉に当たる部

分がないものもあります。

また、説明文では基本三文型（頭括型・尾括型・双括型）の分類も行いますが、そのためにも、基本三部構成を明らかにしておくことは大切です。

〈なか〉の部分に、「問いと答え」の関係が複数みられることもあります。このような場合、さらに〈なか1〉〈なか2〉……と分けてとらえることもあります。

「まとめ」については、文章全体のまとめの場合と、事例・具体例のまとめの場合とがあります。文章全体のまとめの場合は〈おわり〉になりますが、事例・具体例のまとめの場合は〈なか〉となります。

文章構造図の例

はじめ		なか			おわり
❶❷	❸❹	❺❻	❼	❽	❾
話題提示	事例①	事例②	事例のまとめ	まとめ	主張

「まとめ」のあとに、「筆者の主張」や「要旨」が続く場合があります。「筆者の主張」は〈はじめ〉で提示した話題・課題や〈なか〉の事例・具体例についての自分の考えを述べるものですが、それを一歩進めて一般化・抽象化したものが要旨となります。「話題・課題～事例・具体例～まとめ・主張」が「具体」、要旨は「抽象」の関係になります。要旨が筆者の主張の場合もあります。

教材分析の手順【説明文】その4 文章構成図をとらえる

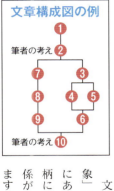

文章構造図をもとに、段落同士のつながりを図に表したものが文章構成図です。文章構「造」図と文章構「成」図。名前が似ていますがしっかり区別してください。

文章構成図からは、筆者が何と何を比較しているのか、どのような意図で事例・具体例をあげているのか、筆者の主張や要旨の根拠は何か——といったことが分かりやすくなります。

文章構成図の例

❶
筆者の考え ❷
❼ ❽ ❾ ／ ❸ ❹❺ ❻
筆者の考え ❿

文章構成図では、段落どうしが「具体―抽象」「理由―結論」「事実―意見」などの関係にあるときには直列（縦）につなぎ、同じ事柄に関する事例の列挙や、段落相互に因果関係がない場合などは並列（横）の関係となります。

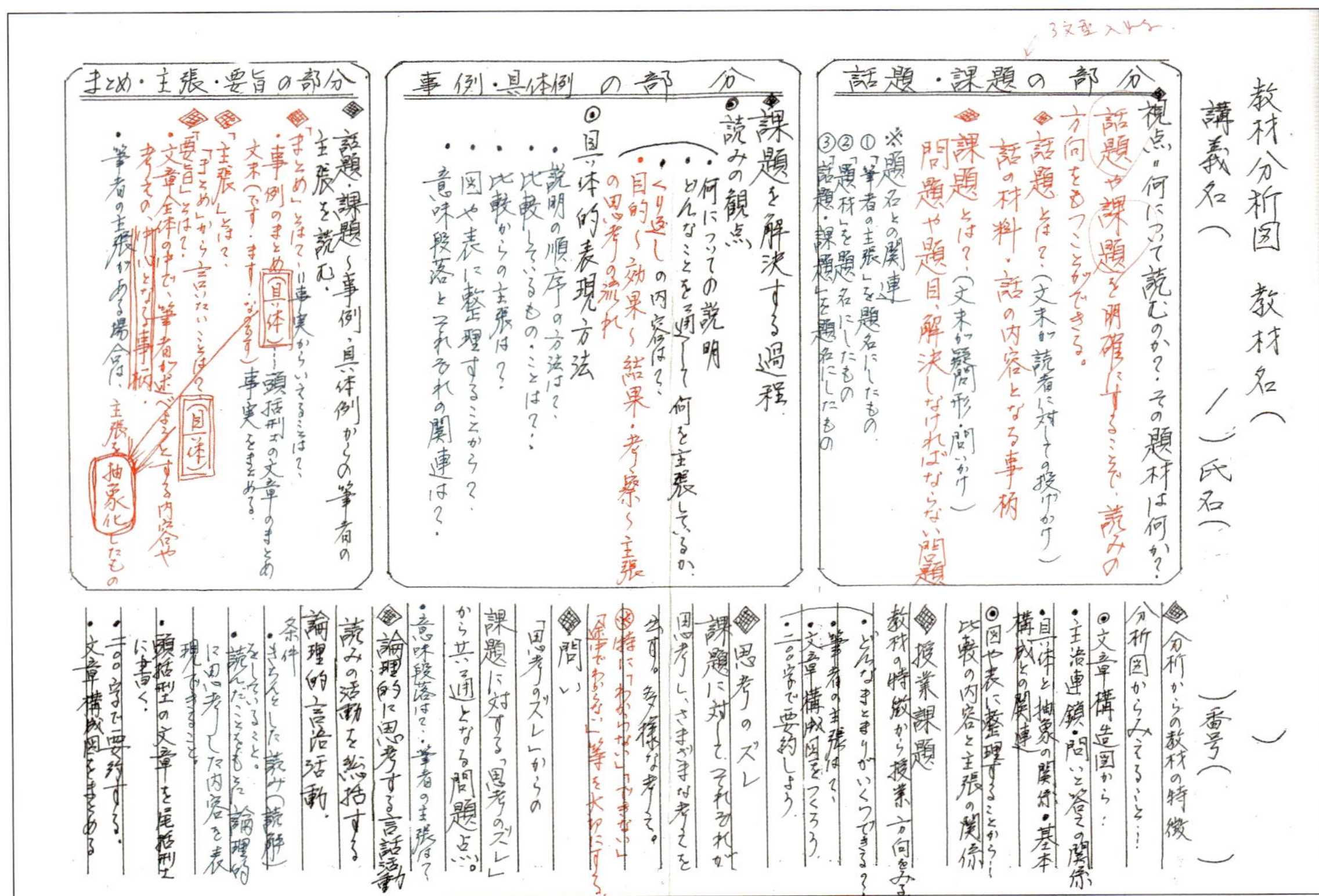
教材分析図　教材名（　　）
講義名（　／　）氏名（　　）番号（　　）

話題・課題の部分
視点「何について読むのか？・その題材は何か？」
話題や課題を明確にすることで、読みの方向をもつことができる。
◆話題とは？（文末が読者に対しての投げかけ）
話の材料・話の内容となる事柄
◆課題とは？（文末が疑問形・問いかけ）
問題や題目、解決しなければならない問題
※題名との関連
①「筆者の主張」を題名にしたもの
②「題材」を題名にしたもの
③「話題・課題」を題名にしたもの

事例・具体例の部分
◆課題を解決する過程
◉読みの観点
・何についての説明
・どんなことを通して何を主張しているか。
・くり返しの内容は？
・目的～効果～結果・考察～主張の思考の流れ
◉具体的表現方法
・説明の順序の方法は？
・比較しているもの・ことは？
・比較からの主張は？
・図や表に整理することから？
・意味段落とそれぞれの関連は？

まとめ・主張・要旨の部分
◆話題・課題～事例・具体例からの筆者の主張を読む。
◆「まとめ」とは？
・事例のまとめ（具体）…事実からいえることは？
文末（です・ます・なのです）
事実をまとめる。
◆「主張」とは？
「まとめ」から言いたいことは？（具体）
◆「要旨」とは？
・文章全体の中で、筆者が述べようとする内容や考えの中心となる事柄。
・筆者の主張がある場合は、主張を抽象化したもの

◆分析からの教材の特徴
分析図からみえること……
◉文章構造図から：
・主語連鎖・問いと答えの関係・基本構成との関連
・具体と抽象の関係
◉図や表に整理することから：比較の内容と主張の関係
◆授業課題
教材の特徴から授業の方向をみる
・どんなまとまりがいくつできる？
・筆者の主張は？
・文章構成図をつくろう
・二〇〇字で要約しよう
◆思考のズレ
課題に対して、それぞれが思考し、さまざまな考えを出す。多様な考えを。
※特に「わからない」「できない」途中でわからない等を大切にする。
◆問い
「思考のズレ」からの課題に対する「思考のズレ」から共通となる問題点。
・意味段落は？・筆者の主張は？
◆論理的に思考する言語活動
読みの活動を総括する論理的言語活動。
条件
・きちんとした読み（読解）をしていること。
・読んだことをもとに論理的に思考した内容を表現できること。
・頭括型の文章を尾括型に書く。
・二〇〇字で要約する。
・文章構成図をまとめる

白石範孝の教材分析メモ（説明文）

ひと目で全体を俯瞰できることが大切

教材分析を行うとき、パターン化された手順やマニュアルのようなものはありません。しかし、本書の「はじめに」でも触れたように、どんな教材を分析する際にも大切なポイントが二つあります。

①その文章全体を俯瞰し、ものごとの因果関係をとらえる

②文章全体を三つの部分に分けて、構成をとらえる

この二つに関しては、教材分析を行う場合には、どんな教材についても明らかにする必要があります。また、この二つを明らかにすることによってその教材の大まかな特徴が見えてきますし、それをもとにした教材の論理もとらえることができます。

私は、教材分析図を書くときには、必ず一枚の紙（またはノートのひと見開き）に収まるようにしています。そうしないと、ひと目で全体を俯瞰することができないからです。

下にあげているのは、私が大学で教えている教員志望の学生たちに配布した、「教材分析シート」の記入例です。上が物語文用、下が説明文用です。

このシートでは下部に「教材の特徴」「教師が提示する授業課題」「子どもたちに生じる思考のズレ」「子どもから生まれる問い」の四つを書く欄もつけました。物語文用のシートでは「物語を一文で書く」欄もあります。

授業を組み立てる際、ともすると「こんな授業をしたい」が先に立ち、教材の論理と乖離してしまうことがあります。

しかし、子どもたちは教材を通して読みの力を獲得します。その力は、他の教材や、今後の読書生活でも生かすことのできる「汎用的な力」でなくてはなりませんが、授業においては、目の前の教材との関連がしっかり納得できるものでなければなりません。

その結びつきを確かなものにするためにも、教材分析図はひと目で全体を俯瞰できる必要がありますし、可能であれば授業の組み立ての土台も、一緒に見ることができるとよいのではないでしょうか。

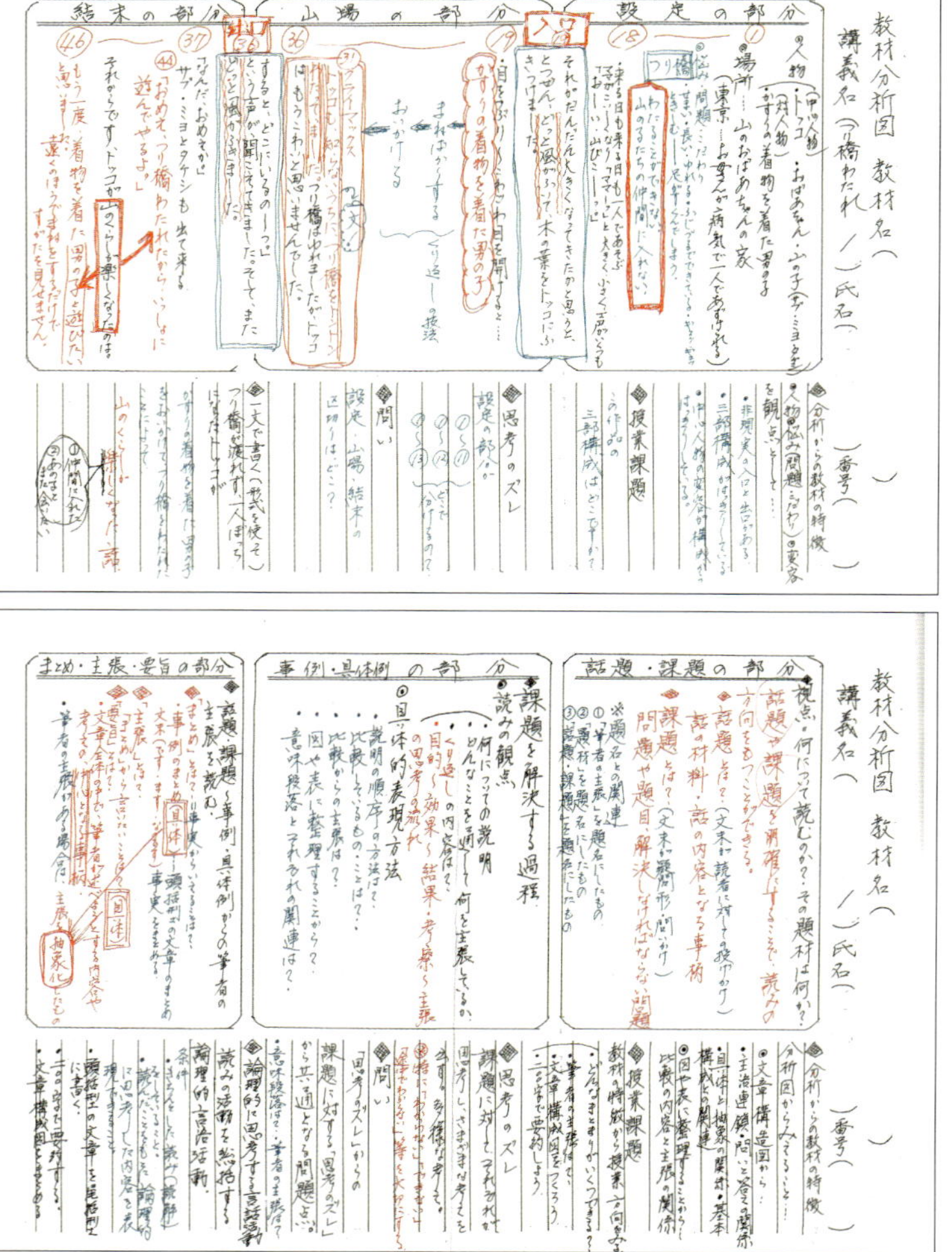

Ⅱ

新教材の教材分析と単元構想

物語文編

みきのたからもの（光村二年）

はちかい　みみ　作
しばた　ケイコ　絵

◎人物・みき（中心人物）・ナニヌネノン（対人物）

◎発端のできごと

・公園の入口――トランプのカードのようなもの

・公園に入る……何なのかよく分からないもの

マヨネーズのようきみたいな形……ずっと大きくて、どっしりとおもそう

中心人物のこだわり
さがしている人がいるかもしれないと、……公園に入る。

「すみません、そのカード」……見なれない生きものが立っていました。

「遠い星から来ました。わたしは、ナニヌネノン」……そのカード、わたしのです。

ナニヌネノンののりもの＝自分の星に帰る。

・それがないと、のりものがうごかないのです。なくして、とてもこまっていたのです。

①公園の入口に、
②「あれ。なんだろう。」
③通りかかった
④さがしている人
⑤おそるおそる
⑥「すみません、
⑦「遠い星から
⑧みきは、おどろいて
⑨「わたし、みき。」
⑩「みきちゃんか。
⑪「えっ。これ。」
⑫みきは、ナニヌネノン
⑬「見つけてくれて、

◎ナニヌネノンを見おくろうと思う。――リボンが見えなくなるまで見おくりたい。

みき

◎ふるさとのポロロン星に帰る。

ナニヌネノン

一本のリボン（あざやかなオレンジ色）
「のりものの後ろに、このリボンをむすびつけて。」
「だれかに、見おくってもらうなんて、

⑭「それにのって
⑮「はい。ふるさと
⑯それなら
⑰「いいこと考え
⑱みきは、ポケット
⑲「のりものの後ろ
⑳「どうしてですか。」
㉑「これから、宇宙へ
㉒「ああ、ありがとう。」
㉓「だれかに、
㉔それから、

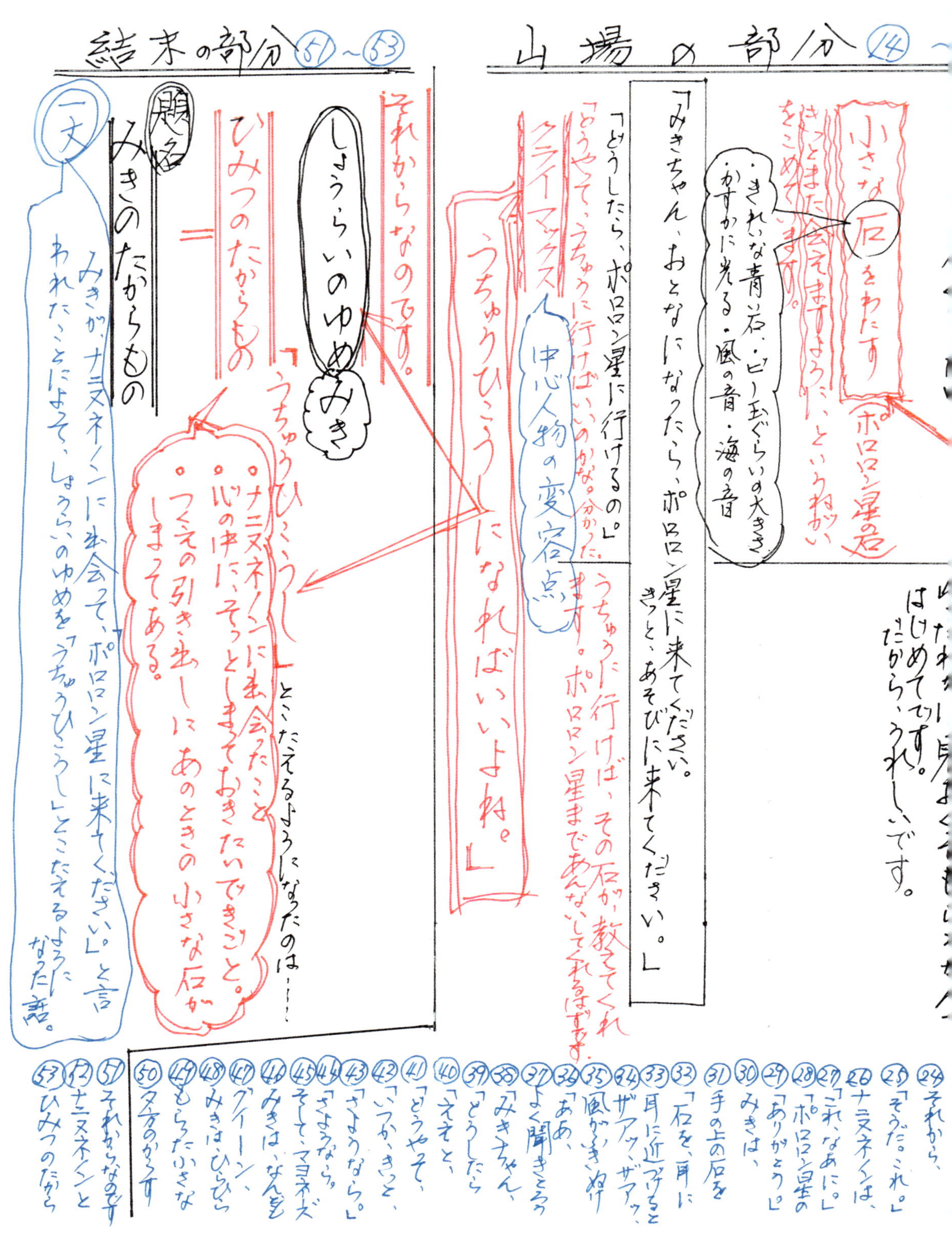

山場の部分 ⑭〜
小さな石をわたす
（ポロロン星の石）
きっとまた会えますように、というねがいをこめています。
・きれいな青い石 ・ビー玉ぐらいの大きさ ・かすかに光る ・風の音・海の音
「みきちゃん、おとなになったら、ポロロン星に来てください。きっと、あそびに来てください。」
うちゅうに行けば、その石が、ポロロン星まであんないしてくれるはずです。
「どうしたら、ポロロン星に行けるの。」
「どうやって、うちゅうに行けばいいのかな。分かった。
クライマックス
中心人物の変容点
うちゅうひこうしになればいいよね。」
はじめてです。
だから、うれしいです。
結末の部分 51〜53
それからなのです。
しょうらいのゆめ
みき
＝
ひみつのたからもの
「うちゅうひこうし」
とこたえるようになったのは……
・ナニヌネノンに出会ったこと
・心の中にそっとしまっておきたいできごと。
・つくえの引き出しにあのときの小さな石がしまってある。
題名
みきのたからもの
一文
みきが、ナニヌネノンに出会って、「ポロロン星に来てください。」と言われたことによって、しょうらいのゆめを「うちゅうひこうし」とこたえるようになった話。
㉔それから、
㉕「そうだ。これ。」
㉖ナニヌネノンは、
㉗「これ、なあに。」
㉘「ポロロン星の
㉙「ありがとう。」
㉚みきは、
㉛手の上の石を
㉜「石を、耳に
㉝耳に近づけると
㉞ザアッ、ザアッ、
㉟風がふきぬけ
㊱「ああ、
㊲よく聞きとろう
㊳「みきちゃん、
㊴「どうしたら
㊵「ええと、
㊶「どうやって、
㊷「いつか、きっと、
㊸「さようなら。」
㊹「さようなら。」
㊺そして、マヨネーズ
㊻みきは、なんども
㊼「グイーン、
㊽みきは、ひらひら
㊾もらった小さな
㊿夕方のかえす
51 それからなのです
52 ナニヌネノンと
53 ひみつのたから

みきのたからもの（光村図書２年下）

教材の特徴

特徴1 基本三部構成が明確である

物語は〈はじめ〉〈なか〉〈おわり〉の三つの部分に分けてとらえることができます。この教材は、この三つの部分がはっきりしています。

はじめ（設定の部分）	「ナニヌネノン」と「みき」の出会い
なか（山場の部分）	「ナニヌネノン」と「みき」の約束
おわり（結末の部分）	「ナニヌネノン」と出会ったことや小石をもらったことが、「みき」のたからものになったこと

本教材は、中心人物であるみきと、対人物であるナニヌネノンとの関わり方の変化や場面の切り替わりが明確で、中心人物の変容や、その原因がとらえやすいのです。

特徴2 クライマックスが明確である

本教材の中心人物みきの変容は、「うちゅうひこうしになる」という夢をもったことです。この変容のきっかけは、みきの「……うちゅうひこうしになればいいよね」という言葉であることは明らかで、この一文がクライマックスであると分かります。

特徴3 物語を「一文」で表しやすい

前述の通り、みきの変容は「うちゅうひこうしになる」という夢をもつことであり、容易にとらえることができます。また、「うちゅうひこうし」になるのは、ナニヌネノンとの約束を果たすためです。

このように、

・中心人物
・中心人物の変容
・中心人物の変容の原因

がはっきりしていることから、「一文」で表すことが容易で、本教材を一文で表すと、次のようになります。

> みきが、
> ナニヌネノンと約束することによって、
> しょうらいのゆめを「うちゅうひこうし」とこたえるようになった話。

単元の構想

1 問いをもつ

①教師が示す「課題」

みきの「ひみつのたからもの」はいくつ？

②思考のズレ

・一つ　・二つ　・三つ　・ひみつはない　・分からない

考えられる「ひみつ」は「ナニヌネノンに出会ったこと」「ポロロン星の石をもらったこと」「ナニヌネノンとやくそくをしたこと」などです。

③思考のズレから生まれる子どもたちの問い

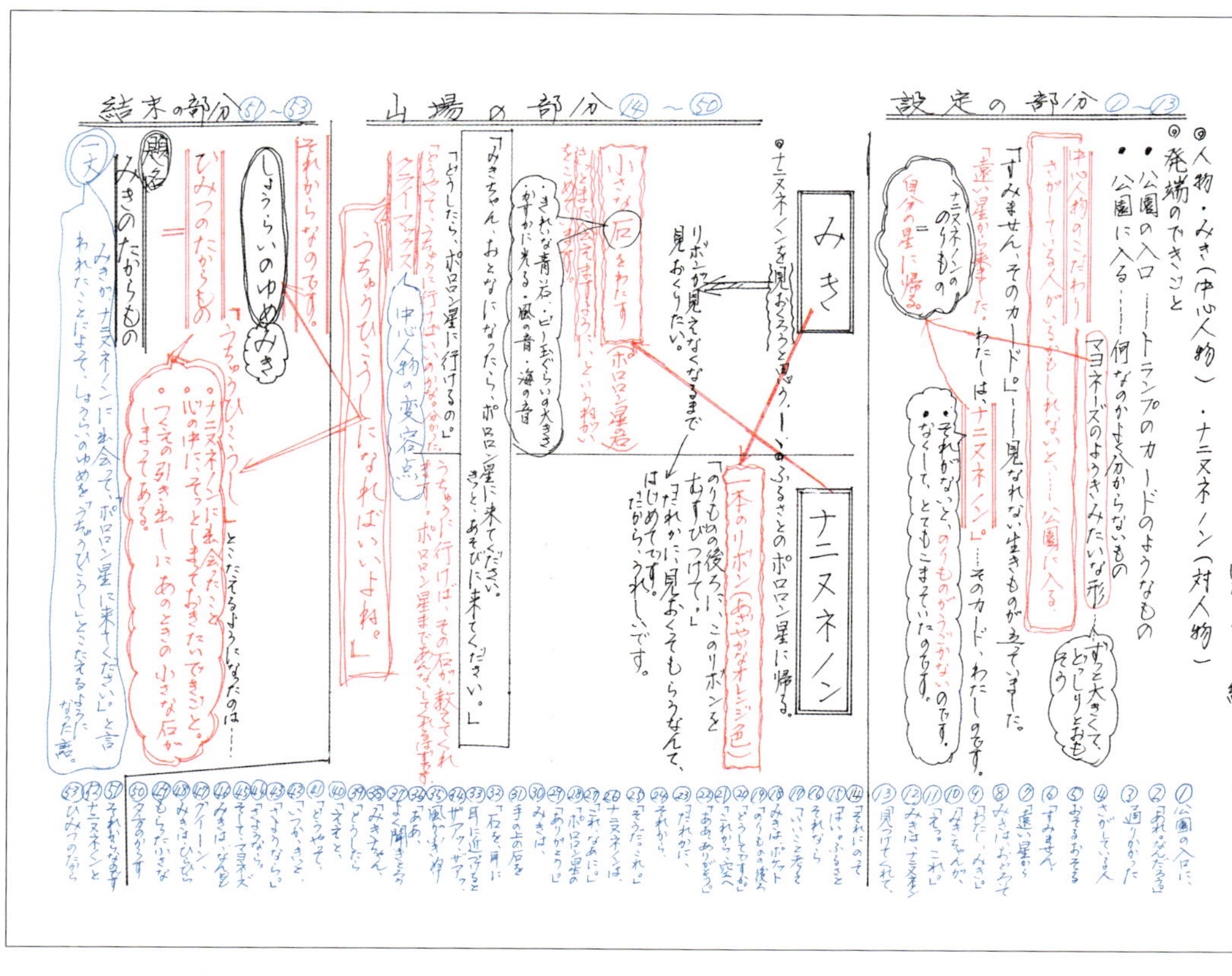

みきには、どんなひみつがあるんだろう。

2 問いの解決

① 基本三部構成をとらえる

前述のような基本三部構成をとらえることで、みきとナニヌネノンの「約束」が〈なか〉の部分に書かれていることをとらえます。

② 「約束」の内容を読む

ポロロン星に来て……どうしたら行けるの？……石が教えてくれる。……どうすればうちゅうに行ける？……うちゅうひこうしになればいい！

③ 子どもたちの「問い」に対する答え

・ナニヌネノンと出会い、約束をしたこと
・ナニヌネノンにもらったポロロン星の石

④ 教師が示した「課題」に対する答え

ひみつのたからものとは、「ナニヌネノンとの約束」「ナニヌネノンにもらったポロロン星の石」の二つ。

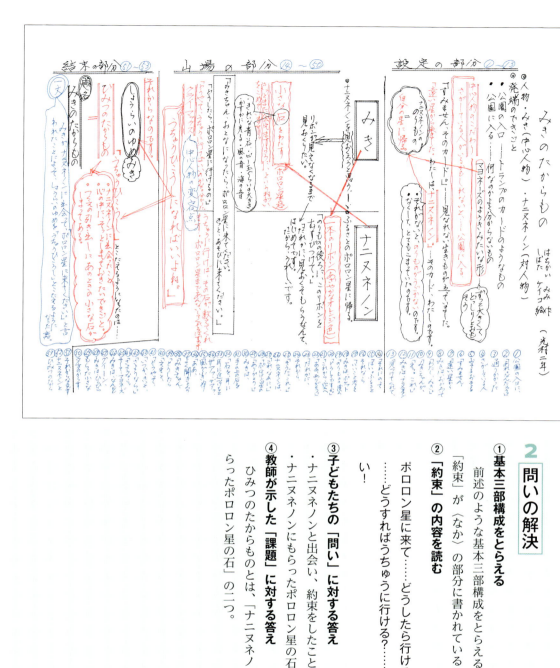

春風をたどって

如月かずさ 作
かめおかあきこ 絵
（光村図書三年）

（はじめ）設定の部分

○場所　りすたちがすむ森林・春風がふいている。
○登場人物…りすのルウと顔見知りのノノン
○中心人物…りすのルウ
◎対人物…ノノン
○中心人物のたから物のしゃしん

「旅に出たいなあ。」
そんなことばかり言ってる
ルウ

風の強い日にどこからかとばされてきたしゃしん
・青くすき通った海
・雪をかぶった白一色の山々
・黄金にかがやくさばく

どれもルウが見たことのない、すばらしいけしきばかり。

◎中心人物のこだわり
「それにくらべて、この森のけしきってさ、ぜんぜんわくわくしないよね。」
ふさふさしたしっぽをたいくつそうにゆらしながら…
見なれたけしきをながめて、ルウはためいきをつきます。

ちっぽけなりすにはたどり着くことができない、遠い遠いばしょにあるのだろう。

そろそろお昼ごはんの時間
…良べる木のみをさがし始めました。

「さいしょに行くのは、やっぱり海がいいな。なんといっても、とくべつきれいだもん。」

ノノン…あまり話したことがありません。
ノノンのはなが、さかんにくんくんと動いている。
「あのね、なんだかすてきなにおいがするんだよ。」…ルウにはしない！
ルウは草をかき分けながら進みます。
そのうちに、知らないにおいに気がつきました。
さわやかで、ほんのりとあまい、とてもすてきなにおい
「ノノンは、こんなにかすかなにおいに気づいてたんだ。」

（終わり）結末の部分　　（なか）　　山場の部分

ノノンは、どんどん進んでいきます。ルウが知っている、いつものノノンとはべつのりすのようです。
しげみがやっととぎれたかと思うと、あざやかな青い色が、ルウの目にとびこんできた。

見わたすかぎりの花ばたけ。
そこにさく花の色は、ルウが行きたいとねがっていた、しゃしんの海にそっくりな青。
そのけしきのうつくしさに、ルウの口から、ほう、とためいきがこぼれました。

「すごいや。この森に、こんな花ばたけがあったんだね。」

ぼく一人だったら、この花ばたけを見つけることはできなかっただろうな、と。ルウは思いました。

クライマックス

「すごいや。」

ルウは、そうくりかえしてにっこりすると、
だまって花ばたけの方をむきました。

「そろそろお昼ごはんをさがしに行こうかな。ルウはどうする。」

ルウのしっぽは、いつのまにか、ゆらゆらとおどるようにゆれています。

ノノンのことば

ルウのはじめのことば
はじめは自分だけだったのか

その夜

たから物のしゃしんをながめて
いつか行ってみたいなあ、とうっとりしながら。

「だけど、あの海色の花ばたけも、とってもすてきだったなあ。」

「そうだ。ぼくの知らないすてきなばしょが、ほかにもまだ、近くにあるかもしれない。
あした、ノノンをさそって、いっしょにさがしてみることにしよう。
ノノンといっしょなら、またあの花ばたけみたいなけしきを、見つけられそうな気がするから。」

春風をたどって（光村図書3年上）

教材の特徴

特徴1　〈はじめ〉と〈おわり〉の中心人物の心情がはっきりしていて、変容をとらえやすい

本教材の中心人物は、森でくらしているりすのルウです。国語の学習においては、物語とは「中心人物の変容を描いたもの」ということができるので、〈はじめ〉と〈おわり〉のルウの様子の違いを読み取る必要があります。

・〈はじめ〉のルウの様子…自分がくらしている森のけしきを見なれてしまい、ぜんぜんわくわくしない。

・〈おわり〉のルウの様子…「ぼくの知らないすてきなばしょが、ほかにもまだ、近くにあるかもしれない。」と、わくわくしている。

特徴2　クライマックスを中心として、中心人物の心情の変容がとらえやすい

物語のクライマックスとは、中心人物の心情が最も大きく変容する一文で、中心人物の行動や心情についての描写、または中心人物の会話文です。

本教材のクライマックスの一文は、花ばたけを見つけたあと、ルウがノノンの様子をながめながら言った言葉、「すごいや。」です。

実はこの数行前にもルウは「すごいや。」という言葉を発しています。それは、「すごいや。この森に、こんな花ばたけがあったんだね。」という言葉で、今まで知らなかった花ばたけに対しての驚きです。

一方、2回目の「すごいや。」は、花ばたけを見つけるきっかけとなったノノンについての言葉です。それまで「顔見知り」程度の知り合いで、声をかけづらかったノノンに対する気持ちが大きく変化したことを表しています。

ルウにとっては、「わくわくしない」と思っていた自分の森に美しい花ばたけがあることを知っただけでも大きな変化でしょうが、いままで「ねているのかおきているのか分からない」と思っていたノノンが、春風によって運ばれてきたわずかなにおいに気づき、しかも、前が見えないほど深い繁みをかき分けながら進み続けるという行動力をもっていることに初めて気づいたことのほうが、大きな驚きだったといえるでしょう。

声をかけづらいと思っていたノノンに「うん、また話そう。」と返事をするようになった変化からも、そのことが分かります。

特徴3　題名が、物語の展開を知ったり、その後を想像する手がかりとなる

題名「春風をたどって」は、その後に続く「述語」にあたる言葉が省略されています。しかし、「春風をたどることで、何かをするんだな」ということは想像することができますから、そういった展開の予測をもって物語を読み進めることができます。

また、「春風をたどることで、どんなことが起きるんだろう」という興味をもつこともできるでしょう。「春風をたどることで、どんなことが起きたの？」という課題を設定したり、問いをもたせたりすることもできます。

単元の構想

1　問いをもつ

①教師が示す「課題」

「すごいや。」って、何がすごいんだろう。

②思考のズレ

・花ばたけがすごい。

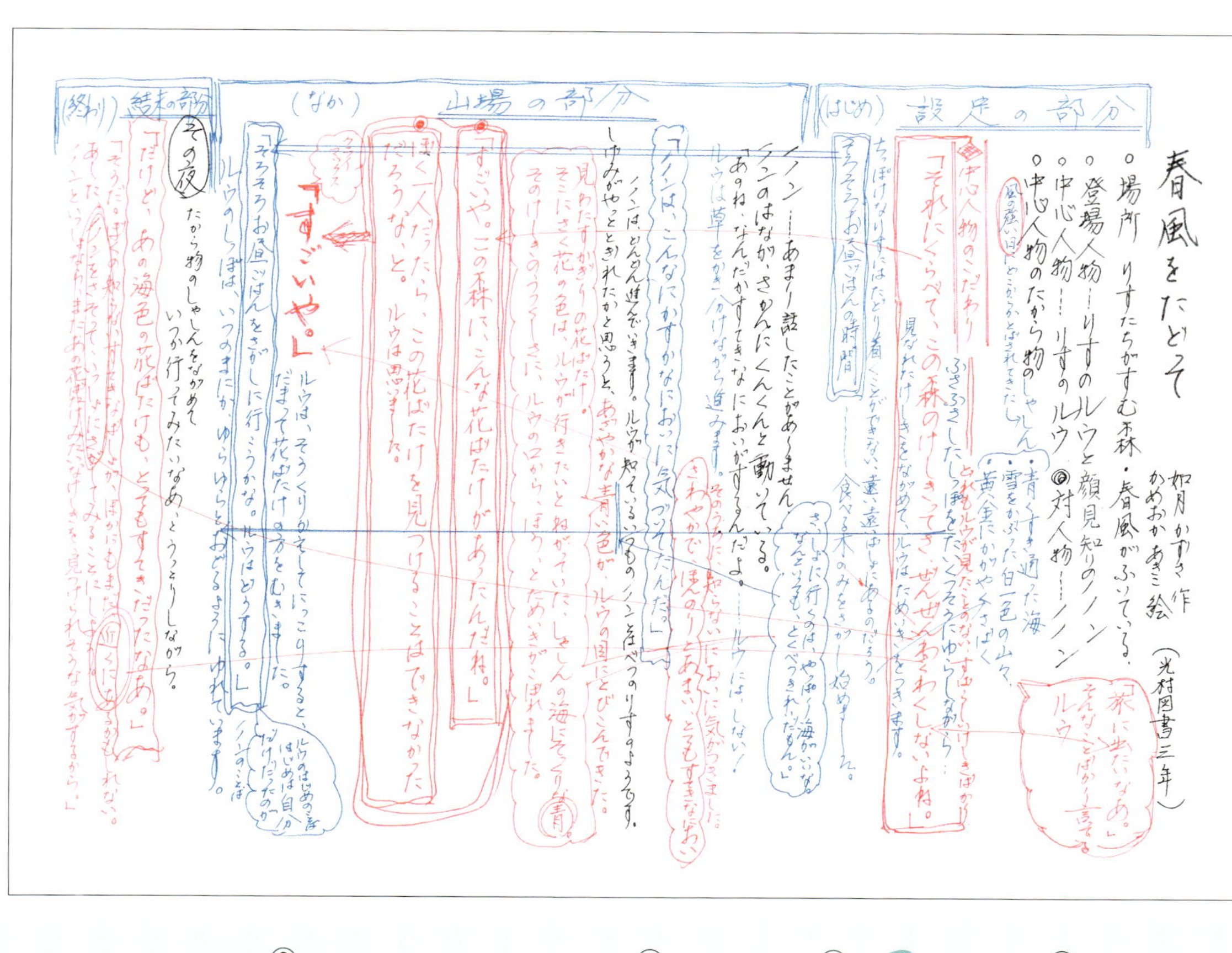

・においに気づいたり、深いしげみをかきわけたノノンがすごい。
・こんなすばらしい場所がある、この森ってすごい。
・あれ？　ルウが「すごいや」って言っているところが二つある。

③思考のズレから生まれる子どもたちの問い

・二つの「すごいや」のちがいは何だろう？

2 問いの解決

①1回目の「すごいや。」と、2回目の「すごいや。」をくらべる

1回目と2回目の「すごいや。」の対象が異なることに気づかせます。さらに、2回目は「すごいや。」と言ったあとに、にっこりとわらったり、あらためて花ばたけを見るなど、より深く感じていることが分かります。

②〈おわり〉の中心人物の様子との関連をとらえる

ルウがわくわくしているのは、「ノノンといっしょなら、またあの花ばたけみたいなけしきをみつけられそう」と考えたからであり、そのために「あした、ノノンをさそって……」と言っていることをとらえます。

これを、ノノンについて「声をかけづらい」と考えていたことと比較し、ルウが大きく変化したことをおさえます。また、花ばたけを見つけた後でも、たから物の写真をながめてうっとりしていることから、「しゃしんのけしきを見てみたい」という気持ちは変わっていないことをとらえます。

③中心人物の変容をとらえ、「クライマックス」の一文をおさえる

これらのことから、中心人物であるルウのもっとも大きな変化はノノンに対しての気持ちの変化であることをおさえ、それを表しているのが2回目の「すごいや。」であることを確認します。また、今回の「すごいや。」のように、中心人物の最も大きな変容を表す一文が「クライマックス」であることをおさえます。

友情のかべ新聞

はやみね かおる 作
早川 世詩男 絵 （光村図書四年）

仲の悪い二人：東君∨西君　好きなものが正反対で、いつもたいこう心をもやしている。

中心人物＝ぼく　目立たない。みんなとちがうところが……

こだわり　気になることがあると、答えが出るまで考え続けてしまう。そして、必ず答えにたどり着く。

発端　①〜⑥（設定の部分）

月曜日＝花びんをわってしまった。

「放課後、東君と西君とで協力して、かべ新聞を作りなさい。これは、君たちが仲よくなるために、先生が考えた作戦だ。」

火曜日の朝……真新しい紙に書かれたかべ新聞のどうどうとしたすがた。

☆上の方が青い油性ペンで、下の方が赤い油性ペンでふち取られた、大きなかべ新聞

「先生の作戦どおりだ。仲よく作業すると、気持ちがいいだろう。」

二人は、顔を見合わせてから、うつむく。

それからの二人は……休み時間をいっしょにすごすようになった。

◎火曜日……いっしょに本を読んだ。昼休みには、サッカー、プリンは取りにも行かない。

◎水曜日……先生の方を見ていると、「こっち来いよ。」とそでを引っぱった。職員室の方へ行こうとすると、ついていく。

◎木曜日……東君が西君に「おまえのシュート、なかなかだな。」と声をかける。

山場の部分

金曜日

西君が東君に「これ、おもしろいんだぜ。」と本をかした。そして、顔をよせて何かを話し合っている。

クラスのみんなは、「本当に仲よくなったんだな。」と口々に言った。

だが、ぼくには、気になることがあった。
あんなに好きだった赤や青の油性ペンを使わなかったんだ。
二人は油性ペンをさわろうともしなかった。
そこには、何か理由があるように思えてしかたなかった。

・二人が協力して作っていないことが分かった。紙を右と左の半分に分けて、それぞれが、好きなものを好き勝手に書いた内容である。

◎かべ新聞をはがして、

さらにじっくり見ると、新聞のはしから、けいじ板のシートに青いよごれが付いている。

あの日の放課後、何があったのかが分かってしまった！

「つまり、東君と西君は、青の油性ペンでけいじ板をよごしてしまったんだね。」

ぼくのすいり！

記事を書き終わり、青が好きな東君が、青い油性ペンで新聞をふち取ろうとする。それを、赤が好きな西君がいやがって、止めようとする。もみ合う二人。手に持っていた油性ペンがけいじ板に当たって、シートにインクが付く。

◎二人は、かべ新聞でよごれをかくした。ほんの少しだけ、新聞のはしからインクが見えてしまっていることに気づかない。

◎新しい心配

相手が先生に言ってしまうのではないかと思う。だから、おたがいに目をはなせなくなって、いっしょにいるようになった。

結末の部分

ぼくは考える。今度、二人がかべ新聞を作ったら、いったいどんなものになるだろうって。

友情のかべ新聞（光村図書４年下）

教材の特徴

特徴1 語り手が中心人物である

本教材では、物語の中に、東君、西君のほか、たんにんの中井先生やクラスのみんななど、さまざまな人物が登場します。物語は東君と西君を中心に進んでいきます。また、二人の心情の表現に結びつく行動描写も多く、そのどちらかが中心人物なのではないかとい考える方が多いかもしれません。

しかし、本教材ではもう一人、心情が変化している人物がいます。語り手である「ぼく」です。

「ぼく」は当初、二人について「あまり気にしていない」と語っていますが、結末では「ぼくは考える。今度、二人がかべ新聞を作ったら、いったいどんなものになるのだろうって。」と、二人に関心をもつようになっています。心が変容したと言えるでしょう。また、中心人物の定義の一つに「語り手が寄り添っている人物」があります。語り手は「ぼく」ですから、当然、「ぼく」に寄り添っています。それに比べて東君、西君については、行動を描写しているものの、寄り添ってはいません。心情についても、予想しているにすぎません。これらのことから、本教材の中心人物は、語り手である「ぼく」であるといえます。

特徴2 多くの伏線が貼られている

本教材の物語は、一種のなぞ解き、推理小説のような側面をもっています。このような物語では伏線が貼られていることが多く、その伏線をしっかりととらえることが、物語の結末を理解するために必要です。

本教材に貼られている伏線には次のようなものがあります。

・好きな色が違う→油性ペンのとりあいから、けいじ板をよごしてしまう。
・好きなものが違う→かべ新聞は二人が協力して作ったものではないと「ぼく」が気づく。
・給食のプリンを取り合っていた→隠し事ができて、プリンを食べたくないほど食欲を失った。
・言い争ったはずみで花びんをわってきびしくしかられる→けいじ板を汚したことを隠してしまう。

特徴3 時間の流れと登場人物の行動や考えの変化が分かりやすい

「ここからは、ぼくのすいりだ。……」以外の部分については、時系列に沿って描かれており、「ここからは……」の部分についても、その中では時系列が崩れていないため、時間の変化や登場人物の行動、考え方の変化が分かりやすいといえます。

単元の構想

1 問いをもつ

①教師が示す「課題」

中心人物はだれ？

②思考のズレ

・東君　・西君　・東君と西君の両方　・クラスのみんな
・中井先生　・「ぼく」（語り手）　・中心人物はいない
・「中心人物」とはどんな人のことか分からない

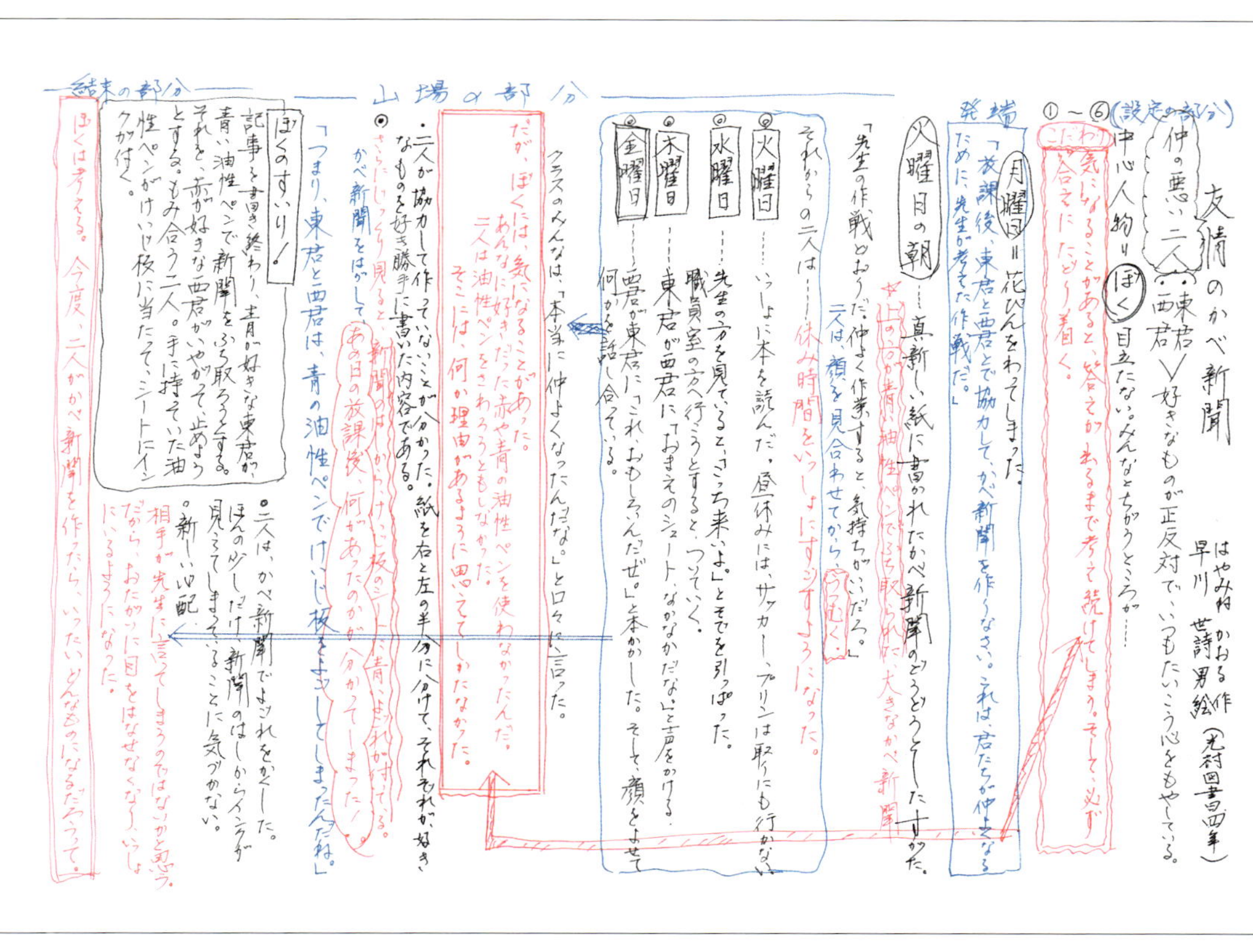

③思考のズレから生まれる子どもたちの問い

この物語では、誰の心の変化が描かれているんだろう？

2 問いの解決

①中心人物の定義を確認する

改めて、中心人物の定義を確認します。

・物語の中で、心情や行動が最も大きく変化した登場人物。
・心情や行動が大きく変わる人物が複数いる場合には、語り手が寄り添う人物。

②物語の中で、心情が大きく変化している人物をあげる

登場人物の中で、心情の変化が描かれていたり、言動の描写によって心情の変化が表現されている人物をとらえます。

・東君、西君…言動が描写されているが、心情についての直接の叙述はない。
・クラスのみんな…二人が仲良くなったときに、うれしくてうなずいた程度。
・中井先生…かべ新聞作りを命じたことをきっかけに二人は仲良くなったため得意そうだが、仲良くなった理由は先生のねらいとは違っていた。
・「ぼく」（語り手）…二人に対して「気にしていない」というスタンスだったが、気になることがあると考え続けてしまうことがあり、その結果として、二人が隠していた秘密に気づく。その後、二人が協力してかべ新聞を作ったらどうなるかと、関心をもち始める。

③語り手が寄り添っている登場人物をとらえる

語り手自身である「ぼく」に寄り添っていることは明らか。これらのことから、中心人物は「ぼく」であると分かります。

スワンレイクのほとりで

小手鞠るい 作
野田あい 絵

場面 → 中2	中1	設定
㉖そんなある日、㊱グレンは、わたし ㊻近くにいた ㉗「歌ちゃん ㊲あれっ、わたしの ㉘グレンは男の ㊳言い直そうと ㉙友達になれ ㊴ーこんにちは、 ㉚まどの外を見 ㊵言いながら、 ㉛翌朝は、快 ㊶思わず、ぎゅっと、 ㉜朝ご飯の ㊷あいさつは ㉝グレンは、車 ㊸するとグレンは、 ㉞勇気を出 ㊹ーねえ、ウタ。	⑮地球儀を ㉑お父さんといっ ⑯夏休みに、㉒日本のスーパー ⑰父の家は、㉓「アメリカは、 ⑱どの部屋の ㉔湖の周りに ⑲湖の名前 ㉕わたしは、毎 ⑳アメリカに着	①つくえの上に ⑥「夏休みに、⑪風には、雲 ②テーマは、⑦そこまで書い ⑫いつのまにか、 ③昨日、⑧えんぴつを ⑬わたしの心は、 ④見つめて ⑨水色の空。⑭どんどん、飛ん ⑤しんこきゅうを ⑩雲は風に
〈み〉 グレンとの出会い ○自己紹介 （・英語で…　・あくしゅ）	アメリカ旅行の話 ○おどろきと発見 （人・環境）	今 状況 げんこう用紙に向かうが作文が書けない。

中心人物が抱える問題

風には、雲をつかまえることはできない。今のわたしみたいだ。書きたいことがいっぱいあるのに、心の中にある言葉を、うまくつかまえることができない。

○アメリカには、いろんな人が住んでいる。
（はだの色も、かみの色も、目の色も、言葉も）

アメリカでは、わたしとお父さんが外国人。

「アメリカは、移民がつくりあげた国だからね。いろんな人種の人たちみんなが同じ、アメリカ人なのよ。」

湖の周りに広がる森と動物

グレン
- 男の子・車いすに乗っている
- お父さん……祖先は中国
- お母さん……祖先はアイルランド

◎わたしの名前は、歌です。わたしは、あなたに会えて、とてもうれしいです。

◎こんにちは、ウタ。ぼくも、君に会えて、すごくうれしいよ。

ひざの上に置いていた手をすっと、わたしの方へ差し出している。

山 ／ 中3 ／ 中4 ／ 結末

（35）ーこんにちは、（45）どこかへ行

（47）「グレンはね、（60）そのとなりに（73）一つ一つの野菜

（48）ジョージさん（61）ーじゃあ、

（49）「うん、行って（62）問いかけながら

（50）二人で、野菜（63）ーそれはね、

（51）ひまわりに（64）そうか、なすは

（52）わあ、これは、（65）グレンにそう

（53）ずらりと重（66）近くで、二ひき

（54）すいかでも（67）ーこれは、何

（55）ーそれは、（68）ーキャベジ。

（56）ースパゲティ（69）ーあれは。

（57）グレンの言葉、（70）ーレッド・

（58）ーそう、（71）ー日本語では、

（59）あ、今、パンプ（72）ーアカピーマン。

（74）野菜畑を（78）ー「歌」は（83）ーあれは、

（75）ふいに、グレン（79）すると、グレン（84）グレンは、

（76）ーウタ、君の（80）ーなんて美（85）ーこれは、

（77）わたしは（81）美しい名前（86）二人、

（82）向こう岸から（87）すずしい夏の

（88）あのまぶしい（91）あの日、グレンの

（89）この気持ちを

（90）げんこう用紙の

夏 ／ 休

回想 《

野菜畑での会話

○言葉の追いかけっこ

（日本語と英語）

スワンレイクで

○名前の話

（スワンレイク・歌）

㊀

作文を書き始める

（行動開始）

思わず、ぎゅっと、グレンの手をにぎりしめた。

アメリカでは、初めて会った人とは、あくしゅをする。

野菜畑＝

○スパゲティ・スクワッシュ。

（グレンの言葉をくり返すと、ぱっと、はじけるよ
うな答えが返ってきた。）

○パンプキン

○エッグプラントーーたまごの形をしている。

わたしは、グレンにそう伝えたかったけれど、
そんなにすらすらしゃべれるはずもなく、
ただ、えがおで「うん、うん」とうなずいていた。

二ひきの茶色のりすたちが追いかけっこ、

わたしたちも、言葉の追いかけっこ

・キャベッジ・レッド・ベル・ペッパー（赤ピーマン）

・きゅうり・トマトはトメイトウ・スカリオン

一つ一つの野菜に日本語と英語の名前がある。

○「ウタ、君の名前には、どんな意味が……」

ー「歌」は「ソング」だよ。

ーなんて美しい名前なんだろう。

むねがくすぐったくなった。自分の名前が好きになった。

「スワンレイク。」

わたしたちといっしょに、笑っているかのように。

わたしたちは

友達

○グレンと話してみたい

○野菜畑の思い出

○スワンレイクの景色

あの日、グレンの手をにぎったときのように。

スワンレイクのほとりで（光村図書4年下）

教材の特徴

特徴1　全体の構成が、現在〜過去〜現在となっている

本教材は、場面が現在〜過去〜現在と移り変わります。作文の課題を出された「わたし（＝歌）」が、夏休みのアメリカでの体験（過去）を思い起こし、最後にもう一度、作文を書く場面（現在）に戻ります。

したがって、基本三部構成も、〈はじめ〉現在、〈なか〉過去、〈おわり〉現在——と区切ることができます。

なお、本教材は、〈はじめ〉・〈おわり〉と〈なか〉とで、時間や場所が異なり、〈なか〉の中にさらに基本三部構成（設定の部分、山場の部分、結末の部分）が見られます。

特徴2　山場の部分における中心人物の気持ちの動きが分かりやすい

特徴1では本教材全体を〈はじめ〉〈なか〉〈おわり〉の三つの部分に分けてとらえましたが、〈なか〉の部分もいくつかの部分に分けることができます。

〈なか1〉……アメリカ旅行の話（おどろきと発見）
〈なか2〉……グレンとの出会い（自己紹介）
〈なか3〉……野菜畑での会話（言葉の追いかけっこ）
〈なか4〉……スワンレイクのほとりで（スワンレイク・歌）

この〈なか1〉〜〈なか4〉を通して、中心人物である「わたし」の心が動いていきます。

〈なか1〉では、初めての海外旅行で見るもの、聞くものすべてが珍しく、ワクワクしながら過ごしている様子が描かれています。

〈なか2〉では、グレンとの出会いが描かれています。しかし、まだぎこちなさがあります。

〈なか3〉では、野菜の名前を教えてもらったのをきっかけに、自由に意思疎通ができるわけではないものの、打ち解けてきた様子がうかがえます。

〈なか4〉では、「歌」という名前について「なんて美しい名前なんだろう。」とほめられ、「むねがくすぐったくなった。」と喜びます。湖面に細かく波が立っているのを見て「まるで、わたしたちといっしょに、笑っているかのように——。」と心が浮き立っています。

中心人物の気持ちが、〈なか2〉のぎくしゃくした様子から、段階を追って大きく変化していく様子が明確に描かれているといえます。

特徴3　題名を「問い」の形にしやすい

題名が「スワンレイクのほとりで」で止まっており、「スワンレイクのほとりで何があったのか」までは述べていません。したがって読者は、「スワンレイクのほとりで、どんなことがあったのだろう？」という読みの視点をもって読むことになります。

本教材では「出来事やエピソード」を題名にしているといえますが、「スワンレイクのほとり」という場所しか表されておらず、出来事やエピソードの具体は書かれていません。したがって、それをしっかりととらえる読みが、物語全体をとらえるために必要だといえます。

単元の構想

1　問いをもつ

①教師が示す「課題」

中心人物の「歌」は、作文に何を書こうとしたのでしょうか？

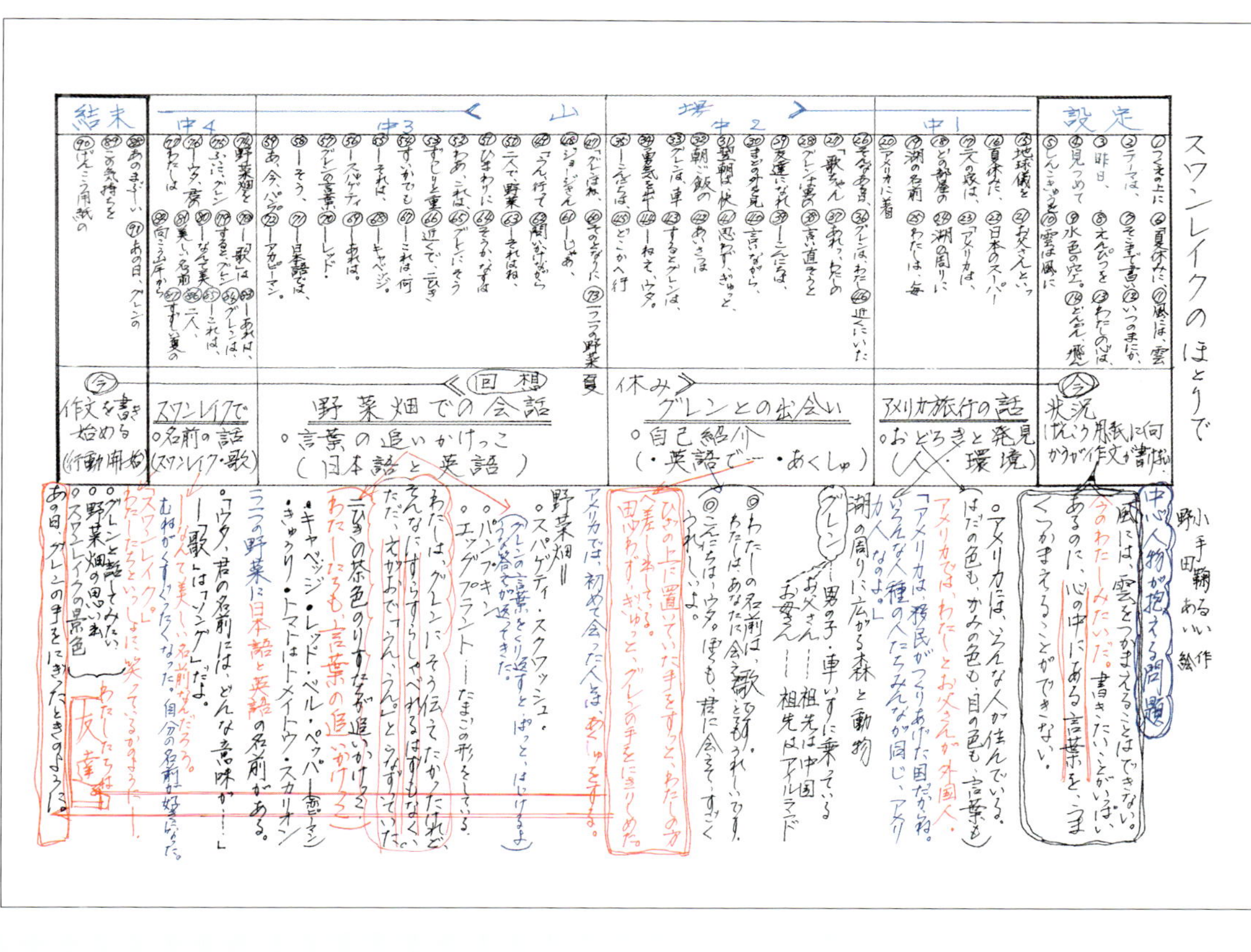

物語の最後で「歌」は、えんぴつを力をこめてにぎり、作文を書き始めようとします。作文に、何を書こうとしたのかを考えさせます。

②思考のズレ

・お父さんとアメリカに行ったこと。
・野菜の英語の名前を知ったこと。
・スワンレイクを見たこと。
・グレンと友達になったこと。

③思考のズレから生まれる子どもたちの問い

アメリカ旅行で「歌」が一番強く感じたことは何？

2 問いの解決

○「歌」の気持ちがもっとも強く表されている一文をとらえる

「いまは、遠くはなれた場所でくらしているけれど、わたしたちは、友達。」……文末が「友達。」と、体言止めになっています。体言止めは強調を表す技法です。「歌」の気持ちが表れている文で体言止めが使われているのはこの一文だけなので、「わたしたちは、友達。」が、「歌」のもっとも強い気持ちだと分かります。

次の文で「この気持ちをいつか、グレンに伝えられたらいいな。」とあり、また「もっともっと英語の勉強をして、いろんなことをグレンと話してみたい」とも言っています。これが「歌」の決心だといえるでしょう。

これらのことから、「歌」が作文に書こうとしているのは「もっと英語を勉強して、いろんなことをグレンと話し、私たちは友達だということをグレンに伝えることができるようになろうと決心したこと」だといえます。

銀色の裏地

石井睦美 作
しんやゆう子 絵
（光村五年）

設定（中心人物のこだわり）

「あかねちゃんたちは、あなたをはげまそうとしていたんでしょ。いつまでもぐずぐずしていないで、さ、元気に登校しなさい。ほら、今日もいい天気。」お母さんにはっぱをかけられ、理緒はげんかんを出た。見上げた空は、厚い雲でおおわれている。「いい天気って、うそばっかり。」思い切りくもりじゃん。
お母さんのいいかげんさに、はらが立つよりおかしさがこみ上げてきた。

◆人物関係

クラスがえ前
仲よし三人グループ

あかね
希恵

中心人物
理緒

クラスがかわって
二人と一人に分かれた。
一人になったのは理緒。

対人物
高橋さん

新しいクラス
給食時間の
同じグループ
家が近所

上田君
上野君

・一度も同じクラスになったことがない
・なんだか話しかけにくい…。

解決）

◆くじ引きの席
左どなり―高橋さん―右どなり―かべ。

◆給食の時間
理緒と高橋さん―後ろの席の上田君と上野」と同じグループ

◆その日の下校時
あかねと希恵が仲よく帰っていく…―理緒は、二人の後ろすがたを見送ることしかできなかった。

結末　｜　山場（中心人物のこだわり・問題の角

「坂本さん、今日、フレーパークに行かない。」―高橋さんが立っている。

できなかった

「うん。空を見ようと思って。今日は、空を見るのに絶好の天気だから。」

見えるのは、朝と同じくもり空だ。なのに、絶好の天気って、どういうこと？

高橋さんのつぶやき

「銀色の裏地。」

「全ての雲には銀色の裏地がある。これ、外国のことわざなんだけどね。」

「くもっていても、雲の上には太陽があるから、雲の裏側は銀色にかがやいている。だから、銀色の裏地をさがそう。そういう歌があるんだって、おじいちゃんが教えてくれた。」

くもった―じゃなかった、こまったことがあっても、いやなことがあっても、いいことはちゃんとあるんだって。」

もしかして、わたしの気もちに気づいていたの。

◎クライマックス

あの厚い雲の向こうに太陽はある。だから今も、雲の裏側は銀色にかがやいている。

そう想像することはすてきなことだった。

急に今朝のお母さんのことを話した。

「今日って、朝からくもってたでしょ。なのに、うちのお母さんってば、『今日もいい天気』って言ったんだよ。」

「おもしろいお母さんだね。あ、いいお母さんって意味だけど。」

「うん。」はずむような声が出ていた。

銀色の裏地（光村図書5年）

教材の特徴

特徴1 物語の「設定」がはっきりしている

本教材は、物語の設定が読み取りやすく書かれています。設定は、変容前の中心人物の心情や様子などを表しています。設定をしっかり読み取っておくことが、中心人物の変容をとらえることにつながります。

特徴2 いくつかの伏線が描かれている

伏線は、物語のおもしろさにつながる仕掛けです。中心人物の変容のきっかけに関係していたり、物語の主題につながっていることも多いので、設定と同様、しっかりとらえておくことが必要です。

・お母さんのことば「ほら、今日もいい天気。」
↓
・高橋さんのことば「今日は、空を見るのに絶好の天気だから。」

・理緒の高橋さんに対する気持ち「なんだか話しかけにくい――。」
↓
・理緒は、急に今朝のお母さんのことを話したくなった。

特徴3 クライマックスが明確である

物語の冒頭の理緒は、クラス替えで仲のいい友達と別になってしまったことで大きな不満を感じています。また、仲の良かった三人が「二人と一人」になってしまったような気がして不安も感じています。

その理緒が結末では、「はずむような声が出ていた。」とあるように、前向きな気持ちになっています。この変容のきっかけは「銀色の裏地」の話を高橋さんに聞いたからなので、中心人物の変容に大きく関わる対人物は高橋さんであることは確かです。

国語の学習における物語のクライマックスとは中心人物がもっとも大きく変容する「点」のことです。高橋さんから「銀色の裏地」のことを聞いた理緒は、しばらく空を見上げ続けます。この段階では変容の兆しは見えるものの、まだクライマックスには至っていません。

ところが次の文では急に、次のように断定しています。

あの厚い雲の向こうに太陽はある。だから今も、雲の裏側は銀色にかがやいている。

この変化から、理緒の中で心情が大きく変わったことが読み取れます。したがって、この部分が本教材における「クライマックス」であるといえます。しかも、本教材では語り手は理緒に寄り添っていますが、この部分ではこれまで以上に深く理緒に寄り添っています。語り手の視点の変化もクライマックスをとらえる手掛かりとなります。

単元の構想

1 問いをもつ

①教師が示す「課題」

この物語のクライマックスはどこ?

この課題を提示する場合には、物語の「クライマックス」とは何なのかを事前に学習していることが前提となります。3年生の「春風をたどって」

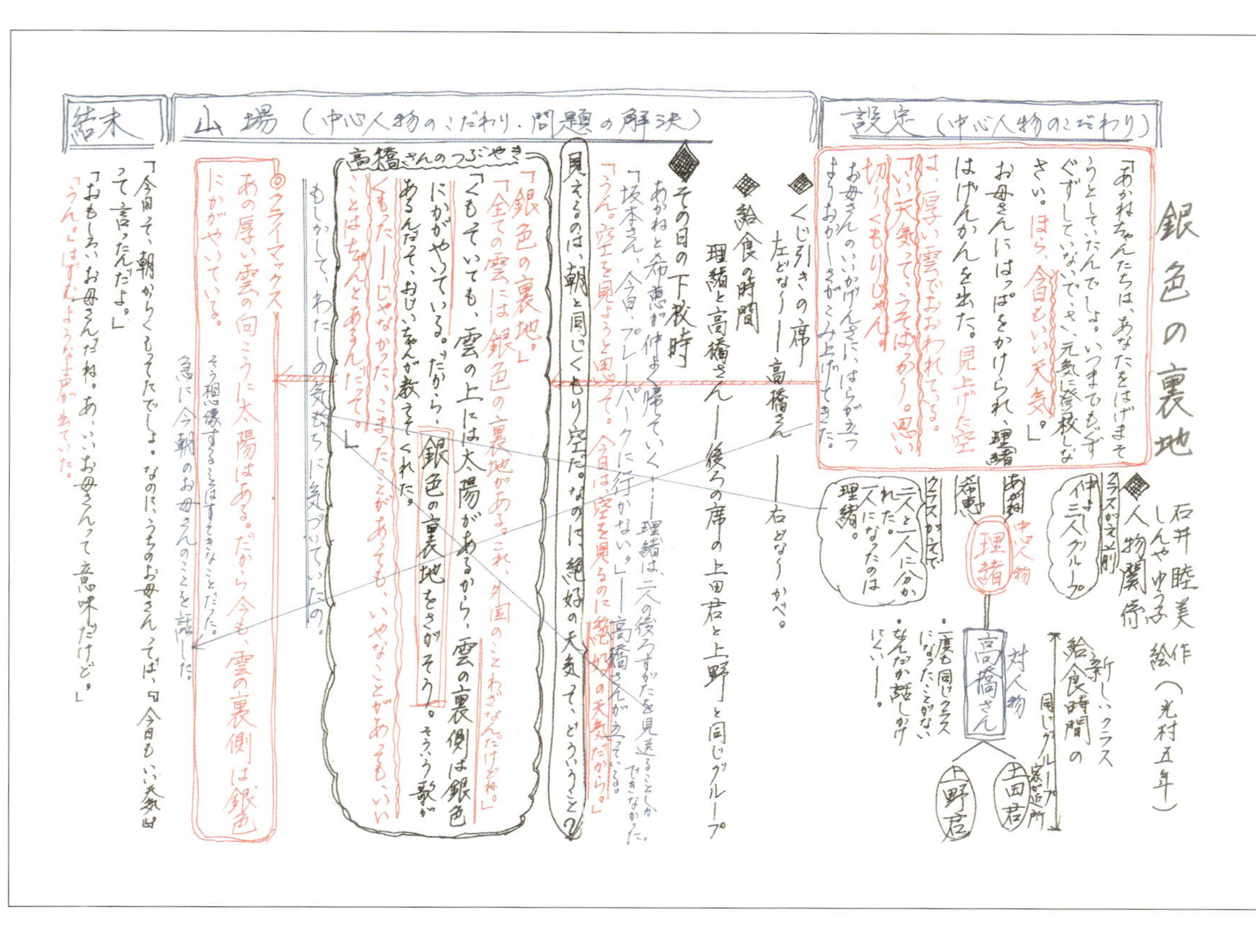

や4年生の「ごんぎつね」などでクライマックスについて学習していることが考えられますが、念のため確認したり、状況によっては復習したりといったことが必要になります。

②思考のズレ

・もしかして、わたしの気持ちに気づいていたの。……
・あの厚い雲の向こうに太陽はある。……
・「今日って、朝からくもってたでしょ。……」
・はずむような声が出ていた。

③思考のズレから生まれる子どもたちの問い

中心人物・理緒の、何がどう変わったの？

2 問いの解決

①〈はじめ〉の理緒の心情をとらえる。

特徴1で述べたような設定の叙述から、〈はじめ〉の理緒の心情をとらえます。

②〈おわり〉の理緒の心情をとらえる

〈おわり〉での理緒の心情は、〈はじめ〉ほど明確に描かれてはいません。

・「今日って、朝からくもってたでしょ。……」→「なんだか話しかけにくい――。」と感じていた高橋さんに話しかけている。
・はずむような声が出ていた。　→不満がいっぱいで、「二人と一人」になったような不安も感じていたのに、「はずむような声」が出るような前向きの気持ちになった。

中心人物・理緒には、このような変容が見られます。理緒の気持ちがこのように切り替わったのは「あの厚い雲の向こうに太陽はある。……」の部分なので、ここがクライマックスであると分かります。

ぼくのブック・ウーマン

〈ザー＝ヘンソン 作
藤原宏之 訳
デイビッド＝スモール 絵
（光村図書 六年）

◆中心人物＝ぼく＝カル（父さんの手伝い・ちゃんと家族のために役立っている）
・ぼくの家族（父さんと母さん、じいちゃんとばあちゃん、妹・三人の弟たち）
・妹＝ラーク（ひまさえあれば、鼻をくっつけるようにして、一日中本ばかり読んでいる）
・対人物＝ブック・ウーマン（馬にまたがって本をもってくる女の人）

（はじめ）設定の部分

◆ぼくのこだわり

ニワトリの引っかいたあとみたいな文字をにらんで、じっとすわっているのは、がまんできない。

ラークの生徒になるなんてまっぴらだ。

◆ある日、〜（お客）

馬にまたがったひざたけのズボンをはいた女の人がやってきた。


女の人ーバッグの中へ（ラークの目ー金のかたまりを見るように、きらきらかがやき宝物をつかもうと…

ぼく…まるっきり宝物なんかじゃない。

本をいっぱいつめこんだ荷物を持って、一日かかって山の上まで上がってきたんだ。

ぼくーなんてむだなことをするのだろうと思った。

父ー「物々交換しよう。」

女の人「この本に、お金はいりません。空気みたいにただなんです。」

ぼく 女の人がここに持ってきた物なんかほしくはない。

部分

◆雨の日も、きりの日も、こごえそうに寒い日も、女の人はやって来た。

◆やがて、冬をむかえた。雪が積もって、真っ白な世界へと変わる。

馬…なんと勇ましい…！

ぼくたちの家族は、家から一歩も外へ出られない。体をくっつけ合ってじっとしている。

そんな雪の日に

あの人 ドアのすき間から本を手わたした。

ぼく その女の人 ブック・ウーマンが去っていくのを、しばらく見つめていた。

勇気があるのは、馬だけじゃないんだ。

乗っている人だって勇気がある。

ぼく あのブック・ウーマンが、ここにやって来る訳をどうしても知りたくなった。

（中） 山場の

ぼくは、文字と絵のある本を選んで、ラークの方へ差し出した。

「何て書いてあるか、教えて。」

クライマックス

ぼくたち二人は、静かに本を読み始めた。

ぼくら家族は、家にこもりっきりの生活をしていたけれど、ぼくは気にならなかった。

自分でも不思議に思うけれど、でも、本当なんだ。

（終わり） 結末の部分

春も近くなって、

あのブック・ウーマンがぼくらの家に立ち寄った。

○母さん——自分のできるただ一つのプレゼントをした。——キイチゴを使ったパイのレシピ

声を低くして、ほこらしげに続けた。

「それに、本を読める子をもう一人増やしていただきましたので——。」

ぼく 「ぼくも、何かプレゼントできればいいんだけど——。」

ブック・ウーマン—— 「私のために本を読んでほしいわ。」

この日届けられたばかりの新しい本を、ほんの少しだけ——声に出して読んだ。

女の人——顔いっぱいにえみをうかべた。

ぼくも——思わずほほえみ返した。

ぼくのブック・ウーマン（光村図書6年）

教材の特徴

特徴1 作品全体の基本三部構成が明確なので、構成から中心人物の変容をとらえることができる

〈はじめ〉の「カル」は、本を読むことが嫌いで、「ニワトリの引っかいたあとみたいな文字をにらんで、じっとすわっているのはがまんできない。」と言い、ラークが先生になって勉強を教えるということについても、「ぼくは生徒になるなんてまっぴらだ。」と嫌がっています。

一方、〈おわり〉のカルは、「ぼくも、何かプレゼントできればいいんだけど――。」という気持ちを、思い切ってブック・ウーマンに伝えます。このことから、カル自身も、自分を本を読めるようにしてくれたブック・ウーマンに感謝していることが分かります。

このように〈はじめ〉と〈おわり〉を比較することによって、本を読むことが嫌いだった中心人物のカルが、本を読めるようになり、そのことをうれしく感じるように変容したことが分かります。

特徴2 設定の部分の「ぼく」のこだわりがはっきりしているので、中心人物である「ぼく」の変容がとらえやすい

物語教材では、中心人物のこだわりの変化（こだわりが成就する、こだわりが成就せずに終わる、こだわりが変化する　など）も、中心人物の変容を表す要素の一つです。

本教材では設定の部分である〈はじめ〉で、カルは、「生徒になるなんてまっぴらだ。」というこだわりをもっています。

ところが、ブック・ウーマンが危ない目に合うこともおそれずに本を届けにやってくることに気づき、そのわけを知るために、ラークに文字を教えてもらう決断をします。大きな変容といえるでしょう。〈はじめ〉の設定でカルのこだわりが明確に描かれているため、この変容がはっきりと読み取れるのです。

特徴3 「ブック・ウーマン」が「ぼく」の家にやってくる理由が、「ぼく」の変容から理解できる

物語の登場人物たちにとって「ブック・ウーマン」という存在は初耳で、「父さん」ははじめ、本とキイチゴ一ふくろとの物々交換を提案します。ブック・ウーマンが、本を売りに来たと考えたからです。

しかし実際には「空気みたいにただなんです。」と、無料で本を置いていきます。危ない目に合うかもしれない山道を、一日かけて無料の本を届けにくる理由は述べられていません。

さらに、〈おわり〉で何かプレゼントしたいと申し出たカルにブック・ウーマンは「私のために本を読んでほしいわ。」と言います。そして、その日届けられた本をカルが声に出して読むと、「プレゼントは、それで十分。」と「顔いっぱい」に笑みを浮かべます。

これらのことから、ブック・ウーマンの喜びは、今まで本を読めなかった人が本を読めるようになることだと分かります。ブック・ウーマンが「ぼく」の家にやってきたのは、本を読める人を増やすためだったのです。

教科書の注釈にもある通り、ブック・ウーマンは実在した職業です。町から遠く本を手にする機会が少ない人々に図書館の本を届けることで識字率の向上を図りました。何か所もの家や集落を決められたスケジュールに従って巡回していました。雪の日に「父さん」のすすめを断り泊まらなかったのは、カルの家以外にも待っている人がいたからかもしれません。

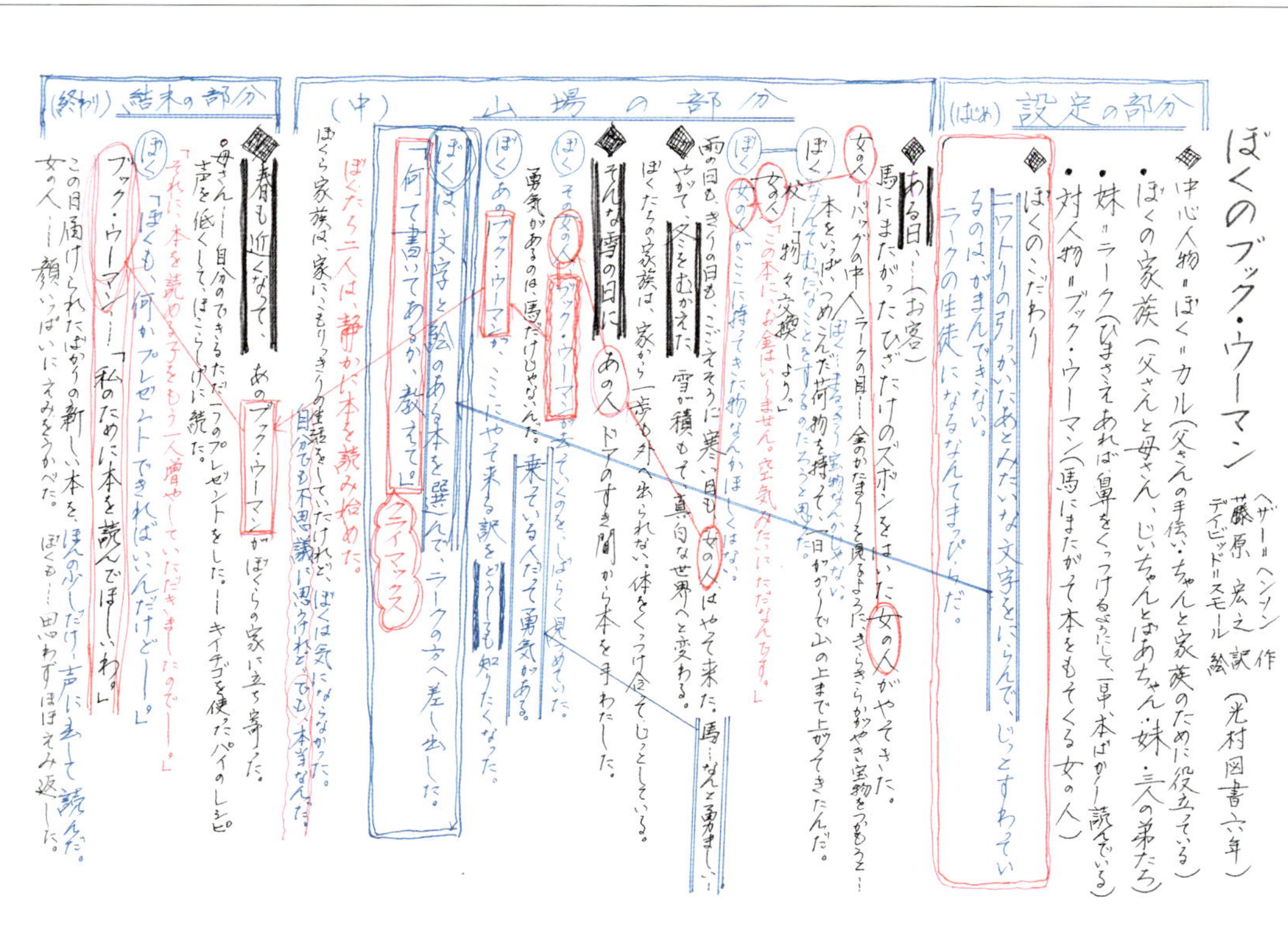

単元の構想

1 問いをもつ

① 教師が示す「課題」

「ブック・ウーマン」って、何をする人？

② 思考のズレ

・本を届ける人
・本を好きにする人
・好きな本を紹介している人

③ 思考のズレから生まれる子どもたちの問い

ブック・ウーマンは、何のために来たんだろう？

2 問いの解決

① 中心人物の変容をとらえる

特徴1や特徴2から、中心人物の変容をとらえます。また、中心人物の変容のきっかけがブック・ウーマンであることを確認します。

② 中心人物の変容に対する、ブック・ウーマンの心情の変化をとらえる

特徴3で示したように、ブック・ウーマンは、カルが本を読めるようになったことを喜んでいます。また〈なか〉の叙述からブック・ウーマンはカルの家以外も訪ねていることが推察できます。これらのことからブック・ウーマンは、さまざまな家に本を届け、本が読める人を増やす仕事をしている人だと分かります。

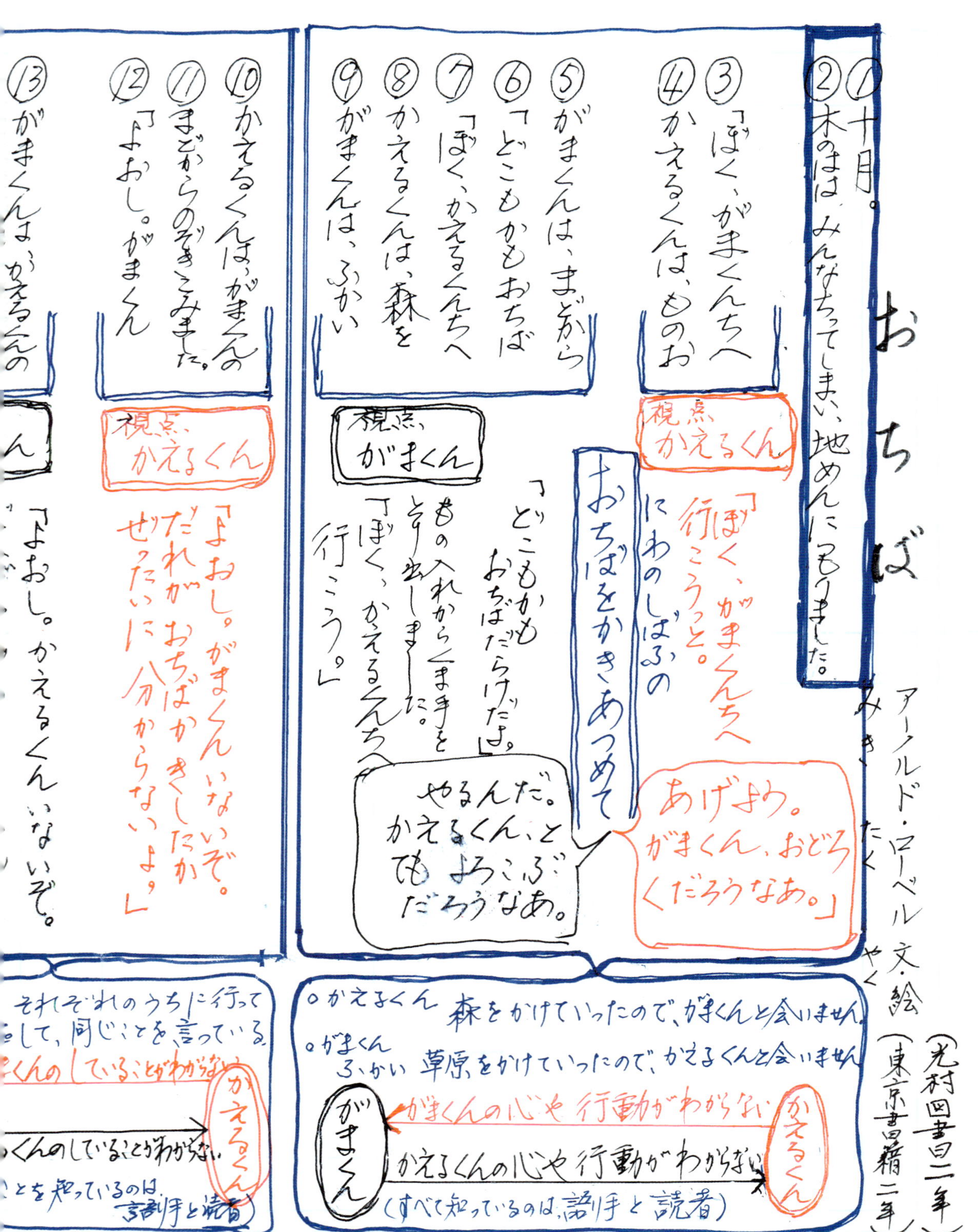

おちば

アーノルド・ローベル 文・絵
みき たく やく
（光村図書二年）
（東京書籍二年）

①十月。
②木のはは、みんなちってしまい、地めんにつもりました。
③「ぼく、がまくんちへ
④かえるくんは、ものお

視点 かえるくん

「ぼく、がまくんちへ行こうっと。」
にわのはっぱのおちばをかきあつめて
あげよう。がまくん、おどろくだろうなあ。」

⑤がまくんは、まどから
⑥「どこもかもおちば
⑦「ぼく、かえるくんちへ
⑧かえるくんは、森を
⑨がまくんは、ふかい

視点 がまくん

「どこもかも おちばだらけだよ。」

ものいれから くま手を とり出しました。

「ぼく、かえるくんちへ行こう。」

やるんだ。かえるくん、とても よろこぶだろうなあ。

⑩かえるくんは、がまくんの
⑪まどからのぞきこみました。
⑫「よおし。がまくん

視点 かえるくん

「よおし。がまくんいないぞ。だれがおちばをかきしたか ぜったいに分からないよ。」

⑬がまくんは、かえるくんの

ん

「よおし。かえるくんいないぞ。」

○かえるくん 森をかけていったので、がまくんと会いません。
○がまくん ふかい草原をかけていったので、かえるくんと会いません。

がまくん ← がまくんの心や行動がわからない かえるくん
かえるくんの心や行動がわからない →
（すべて知っているのは、語り手と読者）

それぞれのうちに行って
して、同じことを言っている。
くんのしていることがわからない かえるくん
くんのしていることがわからない
ことを知っているのは、語り手と読者）

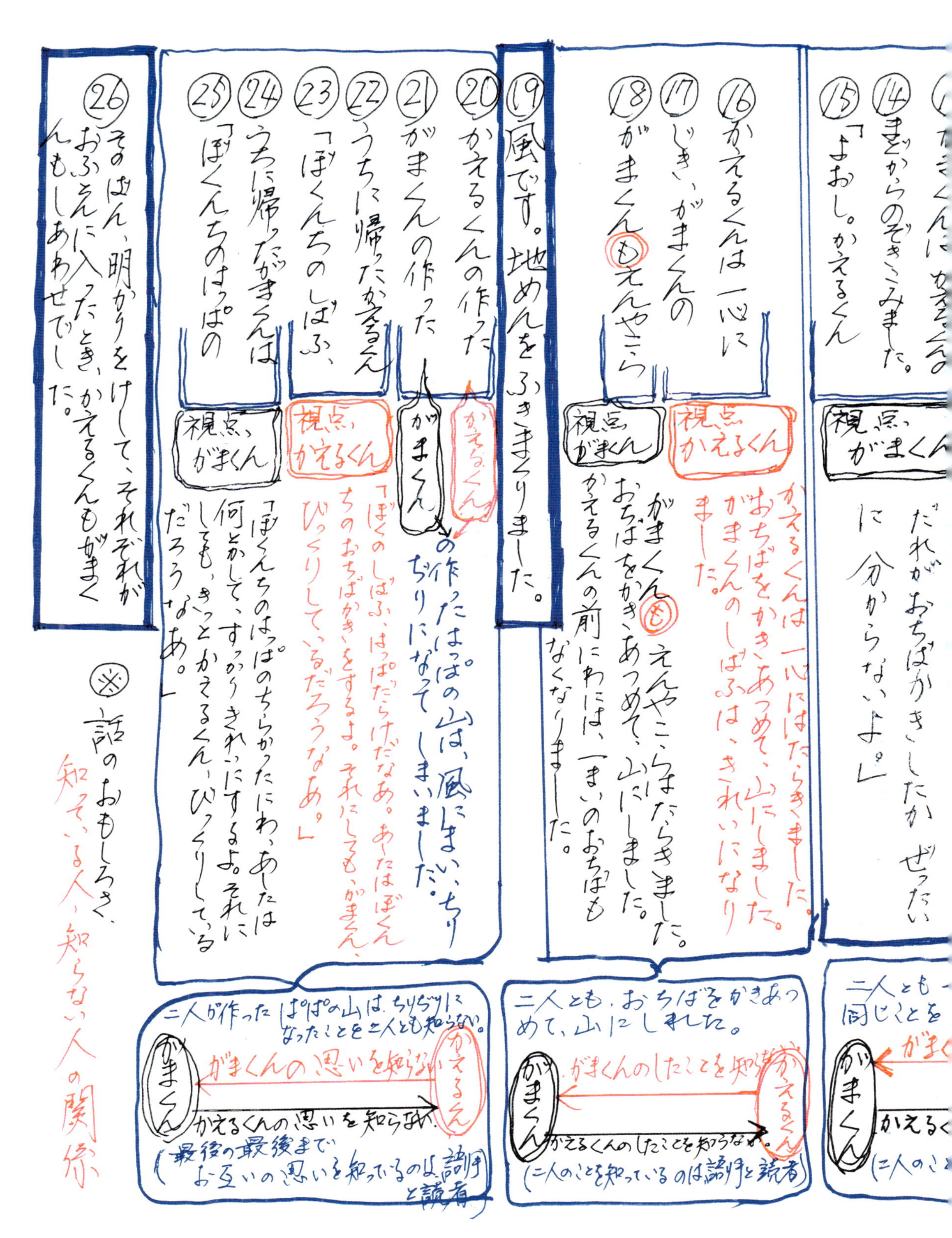

⑭まどからのぞきこみました。
⑮「よおし。かえるくん
視点がまくん
だれがおちばをかきしたか　ぜったいに分からないよ。」
⑯かえるくんは一心に
⑰じき、がまくんの
⑱がまくんもえんやこら
視点かえるくん
かえるくんは一心にはたらきました。おちばをかきあつめて、山にしました。がまくんのしばふは、きれいになりました。
視点がまくん
がまくんもえんやこらはたらきました。おちばをかきあつめて、山にしました。かえるくんの前にわには、一まいのおちばもなくなりました。
⑲風です。地めんをふきまくりました。
⑳かえるくんの作った
㉑がまくんの作った
かえるくん
がまくん
の作ったはっぱの山は、風にまい、ちりぢりになってしまいました。
㉒「ぼくんちのしばふ、
㉓うちに帰ったかえるくん
視点かえるくん
「ぼくのしばふ、はっぱだらけだなあ。あーたはぼくんちのおちばかきをするよ。それにしても、がまくん、びっくりしているだろうなあ。」
㉔うちに帰ったがまくんは
㉕「ぼくんちのはっぱの
視点がまくん
「ぼくんちのはっぱのちらかったにわ、あしたは何とかして、すっかりきれいにするよ。それにしても、きっとかえるくん、びっくりしてるだろうなあ。」
㉖そのばん、明かりをけして、それぞれがおふとんに入ったとき、かえるくんもがまくんもしあわせでした。
二人とも
同じことを
がまくん
かえるくん
(二人のこと
二人とも、おちばをかきあつめて、山にしました。
がまくんのしたことを知らない
かえるくんのしたことを知らない
(二人のことを知っているのは語り手と読者)
二人が作ったぱぱの山は、ちりぢりになったことを二人とも知らない。
がまくんの思いを知らない
かえるくんの思いを知らない
(最後の最後まで　お互いの思いを知っているのは語り手と読者)
※話のおもしろさ、知っている人、知らない人の関係

おちば（光村図書2年下／東京書籍2年下）

教材の特徴

特徴1　さまざまな繰り返しによって構成されている

本教材では、次のような「繰り返し」の表現技法が複数用いられ、それが、作品のおもしろさにつながっています。

・かえるくんとがまくんの、相手を思う気持ちの繰り返し。
・それぞれの場面で視点人物（語り手が寄り添う人物）が変わることの繰り返し（視点は、三人称客観視点）。

特徴2　視点人物が場面ごとに変わる

本教材は四つの場面で構成されていますが、特徴1でも述べたように、場面ごとに視点人物が変わり、それが繰り返されます。

この視点人物の変化の繰り返しによって、かえるくんとがまくんが、互いに相手を思う気持ちが繰り返し描かれ、強調されています。

特徴3　特徴的な「おもしろさ」がある

本教材文では、がまくんとかえるくんの思いや行動は、語り手や読者には分かっていますが、登場人物であるかえるくんとがまくんには分かりません。このことが、本教材の「おもしろさ」となっています。このようなおもしろさが成立するのは、視点が「三人称全知視点」だからです。

なお、語り手の視点には次のようなものがあります。

・一人称限定視点…語り手が登場人物のうちの一人
・三人称限定視点…語り手が、ある特定の登場人物に寄り添う。
・三人称全知視点…語り手が、登場人物全員に寄り添いすべて知っている。
・三人称客観視点…語り手は特定の人物に寄り添うことはない。

単元の構想

1　問いをもつ

①教師が示す「課題」

この話の「おもしろさ」って、何だろう。

②思考のズレ

・がまくんがかえるくんのことを思う気持ちと、かえるくんががまくんを思う気持ちがおもしろい。
・言葉がおもしろい。
・かえるくんとがまくんがしていることがおもしろい。
・笑い話じゃないから、おもしろくない。
・「おもしろさ」ってなに？

事前の指導を行わない段階で「おもしろさ」を問うと、いわゆる「おもしろおかしい」「滑稽」などとの違いが分からず、子どもたちの意見は拡散してしまいます。それが「ズレ」となり、子どもたちの「解決したい」という思いにつながります。

③思考のズレから生まれる子どもたちの問い

このお話には、どんな「おもしろさ」があるんだろう。

2　問いの解決

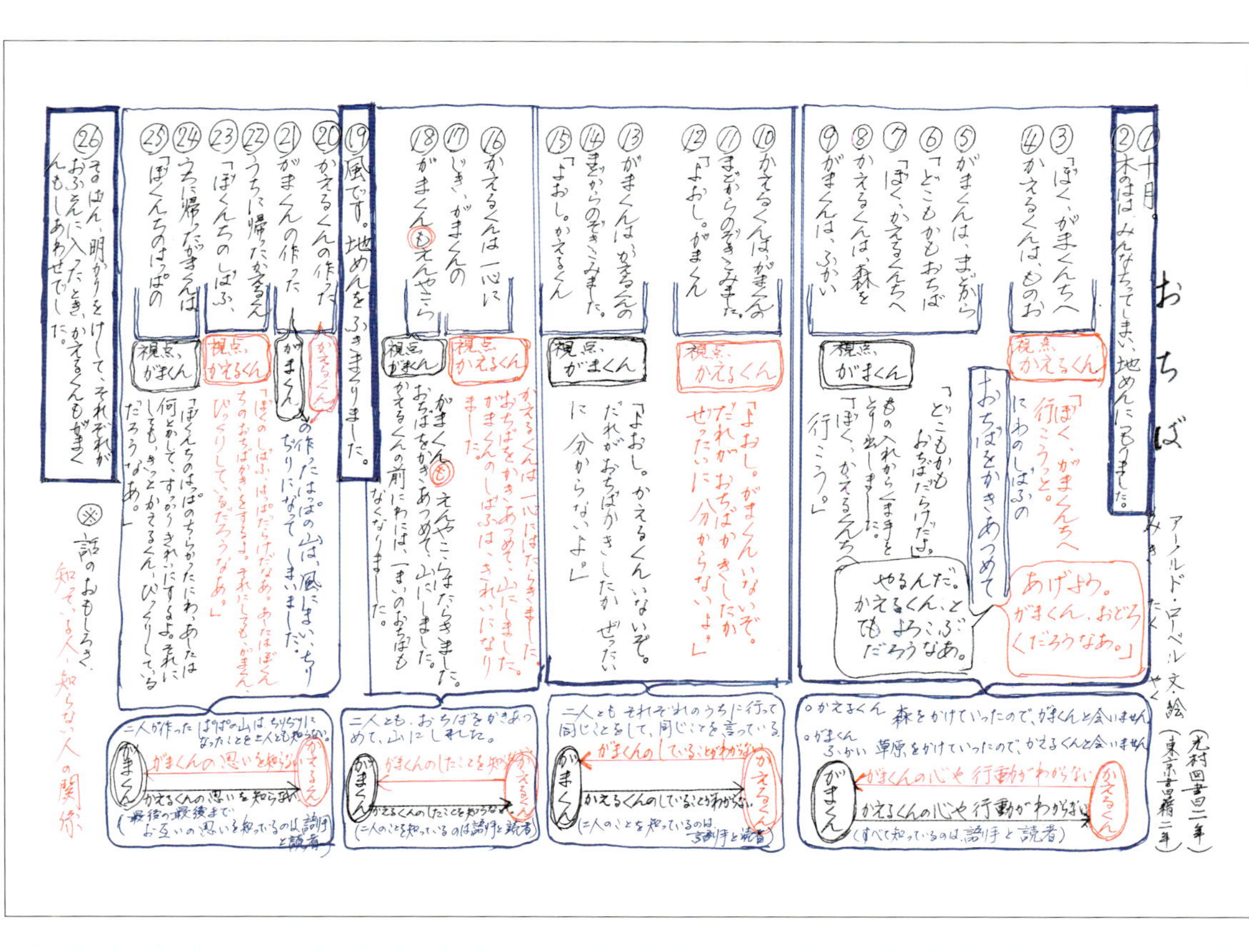

①登場人物と語り手をとらえる

子どもたちは、登場人物についてはほぼ問題なくとらえることができます。しかし、地の文の話者である「語り手」の存在には気づきにくいようです。物語には、登場人物のほかに「語り手」が存在することを意識づける必要があります。

なお、語り手について作者と同一視してしまうケースも見られます。語り手も登場人物同様に作者が作り出した存在であることをあらためて確認します。

②登場人物が知っていることと、語り手が知っていることをおさえる

登場人物であるかえるくんとがまくんは、それぞれ自分が考えていることや行動については知っていますが、相手が考えていることや行動については知りません。「びっくりしているだろうなあ。」と想像しているに過ぎません。互いの考え、行動を知らないのに、二人とも同様に行動し、同様に考えていることが物語となっています。

ただし、読者がそれを知ることができるのは、語り手がいるからです。

整理すると次のようになります。

・かえるくんが知っていること…かえるくんの考えと行動
・がまくんが知っていること…がまくんの考えと行動
・語り手が知っていること…かえるくんとがまくんの両方の考えと行動

③語り手と読者との関係をおさえる

読者は、語り手によってかえるくんとがまくんの考えや行動を知ることができますが、かえるくんとがまくんは互いに同じ考えをもち同様の行動をとっているにもかかわらず、それを知ることができません。

これが、この物語の「おもしろさ」となっています。

物語のおもしろさとは、いわゆる「滑稽さ」だけでなく、作者が作り出した物語の仕掛けを楽しむことであることをおさえておきます。

ワニのおじいさんのたから物

川崎洋 文
鈴木智子 絵
（東京書籍三年）

話の番号

①ヘビもカエルも
②ある天気の
③ワニを見るのは
④相当年を取
⑤ワニは、ぜんぜん
⑥死んでいるの
⑦「ワニのおじい
⑧ワニは、目を
⑨あ、おじいさん
⑩「ワニのおばあ
⑪やっぱりワニ
⑫死んだんだー
⑬おにの子は、
⑭朝だったのが
⑮「君かい、葉
⑯「ぼくは、あなた
⑰「遠い所から
⑱そう言うと、

ワニのおじいさんとおにの子の出会い

ある天気のいい日に、ぼうしをかぶったおにの子は、水ぎわでねむっているワニに出会いました。

相当年を取っている
はなの頭からしっぽの先までしわしわくちゃくちゃ・
人間でいえば、百三十さいぐらい

ワニはぜんぜん動きません

死んでいるのかもしれないーと、おにの子は思いました。

「ワニのおじいさん。」……ワニは、目をつぶり、じっとしたまま。
「ワニのおばあさん。」……やっぱり……ワニはぴくりとも動きません。

死んだんだーと、おにの子は思いました。

○おにの子……ホオノキの大きな葉っぱをひろっては、ワニの体のまわりにつみ上げていきました。

朝だったのが昼になり、やがて夕方近くなって、
ワニの体は、半分ほどホオノキの葉でうまる。

「ああ、いい気持ちだ。」ワニはつぶやきながら目を開ける。

おにの子の問いの解決

二人の会話の始まり

遠い所から、長い長いたびをしてきた

あなたがじっとして動かないから、死んでおいでかと思ったのです。

「あの、ワニのおじいさんで・それとも、おばあさんですか、?…」

⑳ 「わし

㉑ 「わしは、

㉒ 「ワニのやじ

㉓ 「わしをころ

㉔ おにの子は、

㉕ とんとむかしの

㉖ 「君は、なか

㉗ ワニのおじい

㉘ そしていばら

㉙ 「君に、わし

㉚ ワニのおじい

㉛ 「では、行そ

㉜ そう言って、

㉝ おにの子は、

㉞ そこは、切り

㉟ そこに立った

㊱ 思わず、

㊲ これがたから

㊳ ここは、世かい

㊴ その立っている

㊵ おにの子は、

結末	おにの子の問題が解決する。（たから物を知る）

おにの子は、自分だけのたから物を知る。

「わしは、おじいさんだよ。」

ワニのおじいさん……わしのたから物を取ろうとするやつがいるので、にげてきた。

おにの子は、たから物というものが、どんなものなのか知りません。

おにの子の問題……設定

「君は、たから物というものを知らないのかい？」おどろいて、すっとんきょうな声を出しました。

「君に、わしのたから物をあげよう。うん、そうしよう。」

地図の×（ばつ）じるしの場所

切り立つようながけの上の岩場でした。

・とうげをこえ・けもの道を横切り、・つり橋をわたり
・谷川にそって上り、岩あなをくぐりぬけ、森の中で何ども道にまよいそうになりながら、

おにの子は目を丸くしました。

美しい夕やけが、いっぱいに広がっていたのです。

ここは、世界でいちばんすてきな夕やけが見られる場所なんだーと思いました。

クライマックス

これがたから物なのだーと、おにの子はうなずきました。

その立っている足もとに、たから物を入れたはこがうまっているのを、おにの子は知りません。

おにの子だけのたから物を意味する。

ワニのおじいさんのたから物（東京書籍3年上）

特徴1 逆転のおもしろさがある

本教材でおにの子は、「世かい中でいちばんすてきな夕やけを見られる場所」が、ワニのおじいさんが教えてくれたたから物なのだと思い、感動します。読者もおにの子と同じように感じながら読み進めているはずです。ところがその直後に読者は、実は本当のワニのおじいさんのたから物はその場所に埋められているのだということを知ります。これが逆転のおもしろさです。

特徴2 物語の中に、別の昔話の要素が入っている

おにの子がたから物がどんな物だか知らないことの理由として昔話「ももたろう」の世界観をとり込んでいます。しかも、本来の昔話「ももたろう」と異なり、「ももたろうがたから物を持っていってしまった」と、ももたろうについておにの視点から見た表現を用い、ややネガティブに扱っていることも、物語のおもしろさにつながっています。

さらに「むかし、ももたろうがたから物を持っていってしまったから、おにの子はたから物がどんなものなのかを知らない」ということが、ワニのおじいさんのたから物をかくした場所で見た夕日を、おにの子がたから物だと思い込んでしまうことの伏線にもなっています。

特徴3 中心人物の変容がとらえやすく、クライマックスが明確である

中心人物であるおにの子の変容は明確です。

・変容前のおにの子…たから物がどんなものだか知らない。
・変容後のおにの子…たから物を見つけることができた。

おにの子が見つけたたから物は、ワニのおじいさんがかくしたたから物ではありませんが、たから物がどんな物なのかを知らなかったおにの子が、「これがたから物なのだ」と感じることができたのですから、「おにの子はたから物をみつけることができた」といえるでしょう。

おにの子が「これがたから物だ」と感じることができたことが描かれているのは、文字通り「これがたから物なのだ――とおにの子はうなずきました。」の一文です。したがって、ここが中心人物であるおにの子がもっとも大きく変容した「点」であるクライマックスだということができます。

単元の構想

1 問いをもつ

①教師が示す「課題」

この物語を一文で書いてみよう。

「一文で書く」とは、物語を次の形式で表すことです。

> ［中心人物］が、［出来事・事件］によって、［変容後の様子］になる（する）話。

②思考のズレ

・おにの子が、ワニのおじいさんのたから物をさがしたけれど、見つけられなかった話。
・おにの子が、ワニのおじいさんのたから物をさがしたけれど、たから物がどんなものなのか知らなかった話。
・おにの子が、ワニのおじいさんのたから物をさがしに行くことによっ

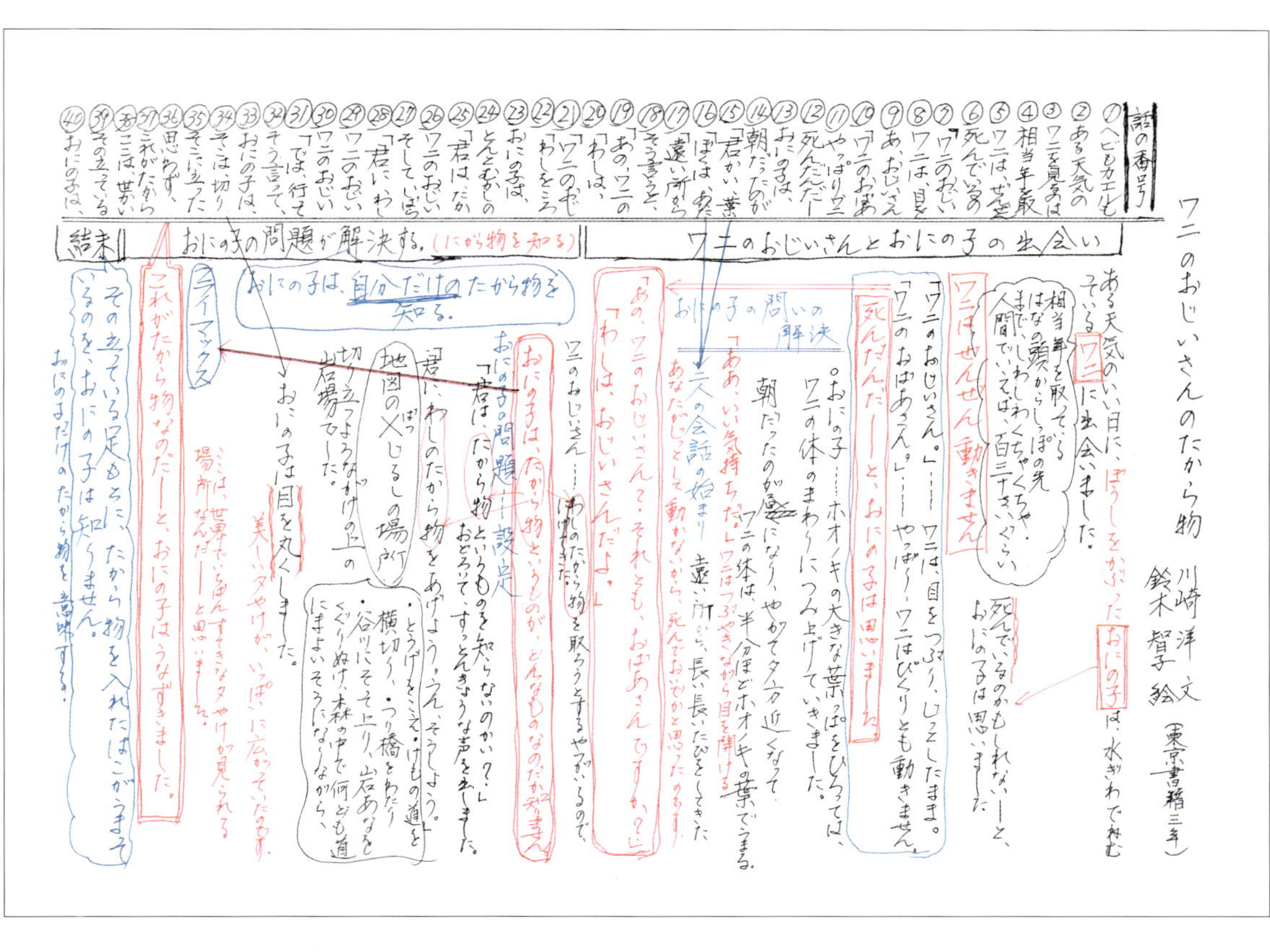

て、自分のたから物を見つけた話。

③思考のズレから生まれる子どもたちの問い

おにの子はたから物を見つけたの？

2 問いの解決

①〈はじめ〉のおにの子をとらえる。

・ワニのおじいさんと出会った。ワニを見たのははじめて。
・ワニのおじいさんにホオノキの大きな葉っぱをかけてあげた。
・たから物がどんなものなのか知らない。
・ワニのおじいさんからたから物のかくし場所を教えられ、さがしに行く。

②「たから物」は何なのかを読む。

・ワニのおじいさんのたから物…何なのかは、この物語の中では説明されていないが、切り立つようながけの上の岩場に埋まっている。
・おにの子のたから物…口で言えないほどうつくしい夕やけ。

③おにの子はたから物を見つけることができたのかどうかをとらえる

おにの子は、「ワニのおじいさんのたから物」は見つけることができなかった。でも、自分がたから物だと思うもの（美しい夕焼け）は、見つけることができた。→〈はじめ〉のおにの子との違い。

これらのことから、この物語を一文で書くと、次のようになります。

> おにの子が、ワニのおじいさんのたから物をさがしに行くことによって、自分だけのたから物を見つけ、満足する話。（例）

おにぎり石の伝説

戸森しるこ 文
西村ツチカ 絵
（東京書籍五年）

（はじめ）　設定の部分

始まりは…

「この石、なんだかおにぎりみたい。」空前のおにぎり石ブーム

（小さな三角形／指先サイズの小さなおにぎりに見えた）

◆五年二組

◆中心人物――真（しん）（ぼく）

◆対人物――一成（いっせい）（五年二組となりのクラス）（じゅくで仲良くなる）

の休み時間…みんなでおにぎり石さがし・放課後…複数の発くつチーム

◆中心人物の悩み・こだわり・抱える問題

必死に石をさがしながらも、ぼくは少しだけもやもやしていた。いつの間にそんなバトルになってしまったんだろう。初めはこんなはずじゃなかったのに、どうもおかしい。先生のつくえの上にあるおにぎり石を、ぼくは思わずじっとにらんだ。

変容部分は？

◎そんなある日――一成から

「真のクラス、なんだかちょっと変じゃない？うら庭に何かあるの？」

ぼくは、正直なところ、おにぎり石を自まんしたい気持ちでいっぱいだった。

（。ほかのクラスのやつがおにぎり石を見たときに、どういう反のうをするか、気になった。

。この石は本当に、そんなにかちのある物なのだろうか。

一成がとつぜん、「ぷっ。」とふき出した。

明日の放課後、うちに来てもらってもいいかな。

◎次の日、初めて一成の家に行った。

（中）山場の部分

ぼくがそこで目にしたものは、何千、何万のおにぎり石の大群だった。

「これは人工的に作られた石だよ。自然にできた物ではないし、もちろん大魔王ののろいのわけもないし。」

ぼくは絶句だった。まるで時間が止まってしまったみたいに……

あまりのしょうげきで、しばらくの間立ちつくしていると……

ぼくはあることを思いついたのだった。

「ちょっとお願いがあるんだけど。」

次の日の放課後

五年二組のみんなは、一成の家に集まった。

おにぎり石だらけの庭を見ると、みんな、あっけにとられて、とまどいながらもやっぱりよろこんでいた。

ぼく―タイミングを見計らって、わざと水を差すようなことを言った。

「でもさ、こんなにたくさんあると思うと、なんだかかちが下がるような気がしないかな…」

一成に目くばせした。一成はうなずいて、

「おいおい、勝手にやってきて、失礼なやつだなあ。」と計画どおりに、おどけてせりふを言った。

クライマックス

クライマックス

新たな気持ちになって見ると、おにぎり石は、やっぱりとてもきれいで、すごくユニークな石だった。

結末

これで、ぼくたちのおにぎり石伝説は終了、一件落着ってわけだ。

おにぎり石の伝説（東京書籍５年）

特徴1　中心人物がとらえにくい

本教材では、大きな事件・出来事の中心となる人物がいません。そのため、中心人物の影が薄く、とらえにくいという特徴があります。

このような場合には「語り手が寄り添っている人物」という判断基準を用います。本教材の語り手は「ぼく（真）」であり、「ぼく」に寄り添っていますので、中心人物は「ぼく」だと分かります。

なお、本教材では、語り手＝登場人物としての「ぼく」であるため、「語り手がいない」と考えてしまう子どももいるでしょう。登場人物、語り手、作者の違いをしっかり確認しておくことが大切です。

特徴2　設定の部分で、話の基本（話題、中心人物の悩み、対人物との関係　など）が明確に示されている

物語では、設定の部分である〈はじめ〉から、その物語の基本となる情報（話題、中心人物の悩み、対人物との関係　など）をしっかり読み取ることが大切です（これらのことすべてが、どの物語でも〈はじめ〉に書かれているという意味ではありません。〈はじめ〉以外の部分にも設定の要素が書かれている場合もあります。たとえば本教材では対人物である一成が登場するのは〈なか〉です）。

本教材でも〈はじめ〉に、設定の要素が書かれていますが、その中で重要なのは、中心人物である「ぼく」の悩み（こだわり）です。

おにぎり石発くつで盛り上がるクラスの友達に対し「どうもおかしい」と感じている中心人物の心情が描かれています。この心情が、何によって、どう変化していくのかは大切な読みの視点となります。設定の要素としてしっかりおさえておく必要があります。

特徴3　中心人物と対人物との関係から、中心人物の変容をとらえることができる

「ぼく」は一成からおにぎり石の種明かしをされたことをきっかけに、クラスの中にあったおにぎり石伝説への熱狂と、微妙な上下関係を終わらせることができました。それによって、〈はじめ〉で述べられていた「もやもや」した気持ちが解消し、次のように「新たな気持ち」になります。

> 新たな気持ちになって見ると、おにぎり石は、やっぱりとてもきれいで、すごくユニークな石だった。

中心人物の悩み（こだわり）が解消した、つまり大きく変容した瞬間なので、この一文がこの物語のクライマックスの一文となります。

単元の構想

1　問いをもつ

①教師が示す「課題」

中心人物はだれ？

②思考のズレ

・「ぼく」（真）　　・一成

・五年一組のクラスのみんな　　・おにぎり石

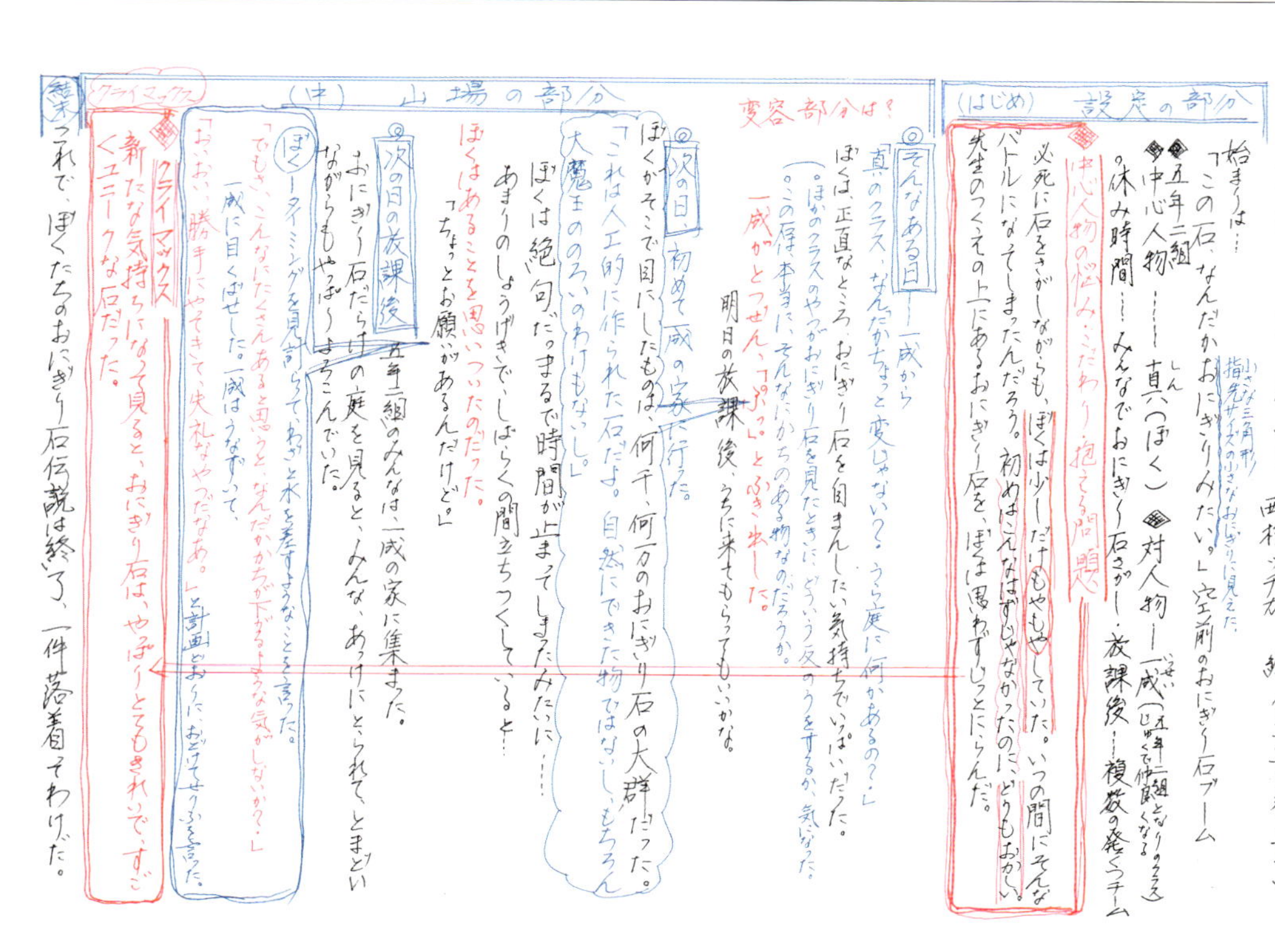

③思考のズレから生まれる子どもたちの問い

もっとも心情が変わっているのはだれ?

2 問いの解決

①登場人物をとらえる

登場人物は、物語の中で話したり行動したりできる人物です。そのうち中心人物とは、物語の中でもっとも大きく変容した登場人物で、変容のきっかけを作ったり、中心人物の変容に大きく影響する人物は対人物です。これらの人物は必ずしも「人間」である必要はありませんが、「おにぎり石」は話したり行動したりしないので、登場人物ではありません。

②中心人物をとらえる

この物語の登場人物は、いずれも物語の中で変容しています。

・ぼく…クラスの中に微妙な上下関係ができはじめていることにもやもやしていたが、おにぎり石があった理由が明かされ、クラスのみんなの気持ちが変わったことで、「新たな気持ち」になることができた。
・一成…五年一組の様子が変だなと感じていたが、「ぼく」から聞いてその理由を知る。
・五年一組のクラスのみんな…競い合うようにしておにぎり石をさがし、微妙な上下関係ができていたが、おにぎり石がある理由を知り、元のクラスに戻る。

「変容」だけではなかなか判断できないので、「語り手」が寄り添っている人物をとらえ、中心人物は「ぼく」であることが分かります。

なお、最後の「えがおで片手をあげた一成の手をパンとたたいて、」という叙述も、〈はじめ〉の「もやもや」と対比され、より強いすっきり感を描く効果があるといえます。このことも、「ぼく」が中心人物であることを示しているといえます。

さなぎたちの教室

安東みきえ 文
UK-1（ウキ）絵
（東京書籍六年）

○中心人物 わたし（谷）

○クラスがえがあった。

設定①〜③

㊥中心人物のこだわり・問題

ときどきすうすうと寒いような心持ちになる。友達はいるのになぜかだれもいないような気がしたり、みんなのそばにいるはずなのに遠くはなれている気がしたり。

◎授業が始まって着席すると気持ちが落ち着く。だれかに話を合わせようと無理しなくてよし、うっかりだれかにいやな思いをさせる心配もない。

松田君 ― 同じ生き物係になった。立ち止まるとにっこり笑った。

よく分からないところがある。

山場1 松田君と生き物係

④松田君……「アゲハを羽化させます！」と宣言

いも虫をみんな好きだと思いこんでいるのならば、なけなしの勇気をふりしぼって……

⑥わたし「あのね、松田君。じゃんけんで生き物係になっちゃったけど、わたし、いも虫とかミミズとかカタツムリとか、どう体だけで移動する生き物が、ちょっと苦手みたいな気がするの。」

⑫「馬には乗ってみよ、人にはそうてみよ、虫は飼ってみよって言わなかったっけ？」

⑮「谷さん、さなぎの中では、ものすごい変革が

山場2 持久走大会の練習と高月さん

幼虫の最後の一ぴきがさなぎになりそうな日、

㉕高月さん 三年生で同じクラスになったときには、あまり話すことができなかった。

持久走大会の練習ペアとなる。

㊳でもこんな話をうっかり続けたら、おかしなことを言う人だと敬遠されるかもしれない。けれど、高月さんはちゃんと応じてくれた。

㊹ちっとも変じゃないよ。高月さんの意外な面を知って、感じてうれしいよ。それにほんの少し分かり合えた気がするし。

そう伝

行われるんだよ。自分を一度全部ぶっこわして作り変えちゃうみたいな。だから成虫になるとちゅうのさなぎの中身なんて、何が何だか分かんない状態なんだよ。」

(16) 幼虫のままでいてはいけないのかな。

(17) 虫たちに向かってつぶやく松田君。

「いつか空を飛ぶんだもんながんばれよな。」

ていたけれど、すでに息が上がってきていた。

わたしは、首をふるのがやっとだった

(46) 三年生のとき……

(49) あのころ、みんなが自分とちがう人間に見えてとてもこわかった。

みんなだって自分とそんなにちがわない人間だとわかった。

わたしのほうこそあのときに助けてもらっていたのだ。

(61) 木の下で高月さんが笑っていた。二つのほおがぴかぴか丸く光っていた。

(62)〜 結末

(64) 松田君……「さなぎからだっ皮したよ。羽化したよう。」

(65) ー最初にちょうになったやつは、谷さんにあげる。「谷さんが一番に空に放していいよ。」

クライマックス

(67) やっとさなぎが成虫になる。ちょうになって空を飛ぶ。そのしゅんかんは、高月さんともいっしょにいたい、そう思った。

(69) 「生き物係でちょうを放すんだけど、いっしょにどうかな。」

高月さんが、えがおでうなずいてくれた。

(72) 見上げていると日差しがちらちらまぶしくて、思わず目を閉じた。目の中を、いっぱいのちょうが飛んでいた。

さなぎたちの教室（東京書籍6年）

教材の特徴

特徴1 構成が明確である

本教材の基本三部構成は、次のようになっています。

場面の切り替わり箇所では1行空きになっていますし、それぞれのブロックに書かれている内容の違いもとらえやすいため、基本三部構成が明確です。

〈はじめ〉設定の部分	文番号①～③	クラスがえがあった。……松田君は立ち止まると、にっこり笑った。
〈なか〉山場の部分	文番号④～61	松田君にはよく分からないところがある。……二つのほおがぴかぴか丸く光っていた。
〈おわり〉結末の部分	文番号62～72	「谷さあん。」……目の中を、いっぱいのちょうが飛んでいた。

特徴2 人物の設定がはっきりしている

本教材では、中心人物と対人物との関係もはっきりしています。

特徴的なのは対人物が二人いるということです。

本教材の主な登場人物は「わたし（＝谷）」「松田君」「高月さん」の三人です。このうち「わたし」が中心人物であることは明らかでしょう。「わたし」の変容は、生き物係を共に務める松田君からさなぎについての話を聞くエピソードと、高月さんと三年生のときの思い出にまつわるやり取りをするエピソードの両方が関係していますので、松田君と高月さんの二人が、対人物だといえます。

特徴3 題名に主題が含まれている

物語の題名には、「物語の主題やテーマ」に関連した事柄を題名にしたもの、「登場人物」を題名にしたもの、「出来事やエピソード」を題名にしたもの——などがありますが、本教材の題名「さなぎたちの教室」は「主題に関連した事柄」を題名にしたものといえ、「さなぎ」は、本教材文における重要なキーワードとなります。

子どもから大人へと成長する思春期における不安やもどかしさを、幼虫から成虫へと大きく変化する「さなぎ」とオーバーラップさせて描いており、「さなぎ」は本教材の主題につながる言葉です。しかも「さなぎ」ではなく「さなぎ『たち』」としている点が大きな特徴となっています。これらのことを、本教材の主題をとらえるための手がかりとすることができます。

単元の構想

1 問いをもつ

①教師が示す「課題」

「さなぎたちの教室」って、どんな教室？

②思考のズレ

・アゲハの幼虫を飼っている教室　・クラスがえをした新しいクラス
・「わたし」のクラス　・分からない

さまざまな考えが出てきますが、いずれにしても「さなぎ」が何を表しているのかという点に、議論が集中しています。

さなぎたちの教室
安東みきえ 文
UKi(ウキ) 絵
(東京書籍 六年)

○クラスがえがあった。
○中心人物 わたし(谷)

◎中心人物のこだわり・問題
ときどきすうすうと寒いような心持ちになる。友達はいるのになぜかだれもいないような気がしたり、みんなのそばにいるはずなのに遠くはなれている気がしたり。

設定①~③

◎授業が始まって着席すると気持ちが落ち着く。だれかに話を合わせようと無理しなくていい。うっかりだれかにいやな思いをさせる心配もない。

松田君……同じ生き物係になった。立ち止まると、にっこり笑った。よく分からないところがある。

山場1 松田君と生き物係
④松田君……「アゲハを羽化させます!」と宣言 いも虫をみんな好きだと思いこんでいるのではて? わたし なけなしの勇気をふりしぼって……
⑥「あのね、松田君。じゃんけんで生き物係になっちゃったけど、わたし、いも虫とかミミズとかカタツムリとか、ぐう体だけで移動する生き物が、ちょっと苦手みたいな気がするの。」
⑫「馬には乗ってみよ、人にはそうてみよ、虫は飼ってみよって言わなかったっけ?」
⑮「谷さん、さなぎの中ではものすごい変革が行われるんだよ。自分を一度全部ぶっこわして作り変えちゃうみたいな。だから成虫になるとちゅうのさなぎの中身なんて、何が何だか分かんない状態なんだよ。」
⑯幼虫のままでいては、いけないのかな。
⑰虫たちに向かってつぶやく松田君。
「いつか空を飛ぶんだもんな。がんばれよな。」

山場2 持久走大会の練習と高月さん
幼虫の最後の一ぴきがさなぎになりそうな日、三年生で同じクラスになったときには、あまり話すことができなかった。
㉙高月さん 持久走大会の練習ペアとなる
㉝でもこんな話をうっかり続けたら、おかしなことを言う人だと敬遠されるかもしれない。けれど、高月さんは、ちゃんと応じてくれた。
㊹ちっとも変じゃないよ。高月さんの意外な面を知り、感じてうれしいよ。それにほんの少し分かり合えた気がするし。そう伝えたいけれど、すでに息が上がってきていた。わたしは、首をふるのがやっとだった。

㊻三年生のとき……

㊾あのころ、みんなが自分とちがう人間に見えてとてもこわかった。

みんなだって自分とそんなにちがわない人間だとわかった。わたしのほうこそあのときに助けてもらっていたのだ。

61木の下で高月さんが笑っていた。二つのほおがぴかぴか丸く光っていた。

62~ 結末
64松田君……「さなぎからだっ皮したよ。羽化したよう。」

65一最初にちょうになったやつは谷さんにあげる。谷さんが一番に空に放していいよ。

67やっとさなぎが成虫になる。ちょうになって空を飛ぶ。そのしゅんかんは、高月さんともいっしょにいたい、そう思った。

クライマックス 69「生き物係でちょうを放すんだけど、いっしょにどうかな。」

高月さんが、えがおでうなずいてくれた。

72見上げていると日差しがちらちらまぶしくて、思わず目を閉じた。目の中を、いっぱいのちょうが飛んでいた。

③思考のズレから生まれる子どもたちの問い

「さなぎたち」って、だれのこと?

2 問いの解決

①「さなぎ」についての叙述をとらえる

「さなぎ」が何を表しているのか、「さなぎ」について触れている主な文を抜き出してみます。(丸数字は文番号)

⑭……だいじなのは、さなぎになる今の時期らしい。

⑮「谷さん……だから成虫になるとちゅうのさなぎの中身なんて、何が何だか分かんない状態なんだよ。」

⑯……ちょうちょに変わるのは、ものすごくたいへんそうだ。幼虫のままでいては、いけないのかな。

⑱「いつか空を飛ぶんだもんな。がんばれよな。」

②「さなぎ」の様子について整理する

幼虫から成虫に変わることはものすごく大変なことで、その途中のさなぎの中身は、何が何だか分からない状態。でも、いつまでも幼虫のままではいられないので、いつか空を飛ぶためにがんばっている。

③「さなぎ」の成長が表していることをとらえる

・「わたし」の成長
・「わたし」だけでなく、「高月さん」や「松田君」の成長
・「クラスのみんな」の成長

↓

「さなぎたちの教室」とは、大人への道の途中で、不安や心細さを感じながら少しずつ成長していく「わたし」を含めたクラスの仲間たちがいる教室。

のまち」の本当の姿を知る話。——

物語のキーセンテンス「ビー玉」・「あのまち」・「白」

との出会い）

設定の部分（伏線・キーセンテンス・中心人物のこだわり）

模型のまち

中澤晶子 文
hiroko 絵
（東京書籍六年）

ビー玉

ポケットの中に、ビー玉が五つ。

亮の手の中で、玉がふれ合い、カチカチ小さな音がする。

そのたびに亮は、あのまちを思い出す。

ビー玉との初めての出会い……学童クラブの指導員のおじさん。

少し上手になると、すぐあきた。

すぐにビー玉を忘れた。

引越し（新しい町）

河口にひらけたデルタのまち。

亮の第一印象……きれいだが、何だかつまんない。

このまちは、原子爆弾で何もかも焼きつくされた。今のまちだ、当時を物語るものはほとんど残っていない。原爆ドームぐらいは、亮でも知っていたが、それも

自分には関係のない、こわれかけた昔の建物にすぎなかった。

転校生にとってはすべてが一からだ。昔の出来事より、新しい学校生活で頭の中はいっぱいだから、原爆ドームを見たときも「ふうん。」で終わり

ドームの周辺にはさくがめぐらされ、そこだけ時間が止まったようできみょうな感じ。

それでも……見ているうち亮の胸は、少しだけ！ざわざわした。

模型のまち（「あのまち」「白いまち」）との出会い

真由ちゃん（となりの席の子）

・亮の言葉「原子爆弾が落とされたとき、こういう公園でよかったね。」

・真由の言葉「なあんにも知らないんだ、あの子。」

一文で書く
――亮が「ラムネッチンとビー玉と、かっちゃんとの出会いによって、「あの

結末の部分 ― 山場の部分（さまざまな出会いと「あのまち」と

真由の兄圭太とあるまちの模型との出会い

高校生・「まちづくり工作クラブ」・「あのまち」……今の平和記念公園

あのときの声が耳もとで甦ってくる。

●「あのまち」……そっか。亮も思わずつぶやく。

「あの公園は、元のまちのがれきの上に、盛り土をして作られた。あそこの下には、こういうまちがあった、ってこと。」（圭太のことば）

模型のまち……色はぬられず白いままねむっていた。（亮の中では……）

ラムネッチンとビー玉と、かっちゃんとの出会い

これって、夢？・目の前には、思いがけず白い模型のまちが広がっていた。

あれ、どこかで聞いた音。何かが転がっている。カチン。カチン。玉がふれ合う音。亮は起き上がる。重い頭をふってみる。

●かっちゃんとの約束。

「あしたも来るじゃろ。このでかい玉が待っとる。終わったらそこの川で泳ごうや。」

白い路地から転がり出たビー玉。あれは確かに模型のまちの路地だった。でも、お寺も松の木も池も、ビー玉で遊んだ子も、ちゃんとふつうに色があった。亮のかたをつかんだかっちゃんの手は、温かかった。

資料館で

クライマックス

夢の中の玉？・あれが夢だったかどうかも、亮にはわからない。

この玉は、だれのもの？・亮だけがかっちゃんの玉だと思っている。

夢の中の玉？・あれが夢だったかどうかも、亮にはわからない。でも、あの玉で遊んだかっちゃんたちは、確かにここにいた。このまちの子どもだった。いたけれど、いなくなった。白いビー玉を残して。亮には、それがはっきりわかった。

模型のまち（東京書籍6年）

教材の特徴

特徴1　物語の中で大きな役割を果たす「ビー玉」が、設定の部分に登場する

冒頭の「ビー玉は転がると、閉じこめられた色のかけらが代わる代わる現れて、あっと言う間に差し込む光にとけていく。」という何気ない一文が、白一色の模型のまちとの対比となって、後半につながっていきます。

設定の場面で描かれていることをしっかり読み取ることで、そこに伏線があることをとらえることも大切です。

特徴2　中心人物の変容がはっきりしている

物語の前半で広島のまちについて「風通しがよくて、確かにきれい。でも、何だかつまんない。それが亮の受けた、まちの第一印象だった。」という叙述があります。原爆ドームについても知ってはいたが「自分には関係のない、こわれかけた昔の建物にすぎなかった。」といった認識です。広島のまちに対して、どこか他人行儀なようにも見えます。

一方結末では、「かっちゃん。ぼくはずっと覚えてる。」と、原爆投下時にそこで暮らしていた子どもたちと自分との結びつきを感じています。「川に向かって手をふった。」のも、広島のまちと自分との結びつきを感じるようになったからでしょう。

特徴3　「色」の変化から、中心人物の変容をとらえることができる

特徴1でもふれましたが、本教材では「色」が物語の伏線となっています。「亮の中で、まちは目の前の模型でしかなく、白いままねむっていた。」という叙述は、「現実感がない」ということを「現実のように色がついていない白いまち」で表現しているのでしょう。

夢の中でもはじめは「白いまち」でしたが、色のついたビー玉が転がり出たことをきっかけに、色がついたまちへと、亮は入っていきます。そこで亮は、「かっちゃん」たちとビー玉で遊び、親しくなりますが、いつの間にか周囲にだれもいなくなり、町はもとの白色に戻ります。

ファンタジー作品では不思議な世界への入口と出口があります。本教材はファンタジー作品ではありませんが、この場面にはファンタジー的な要素が強く、まちに色がつくことで亮は「原爆が投下される前の広島のまち」の夢の中に入っていき、その夢から遠ざかることがまちの色が白にもどることで表現されているといっていいでしょう。

それまで、原爆投下前の広島のまちについて、まるで白い模型を見ているかのように現実味を感じることができなかった亮が、夢を見たことによって、ちゃんと色がついた現実のまちとして感じることができるようになったと読むことができます。このような亮の変容が決定的になったのが「発掘調査現地見学会」で、実際に出土した色のついたビー玉を見、手に持って大玉の重さを感じたことです。このとき亮は、ここにかつて「かっちゃん」たちの暮らしがあり、それが失われたことや、いま、自分たちがその上で暮らしているのだということを実感したのです。

単元の構想

1　問いをもつ

①教師が示す「課題」

この物語を一文で書こう。

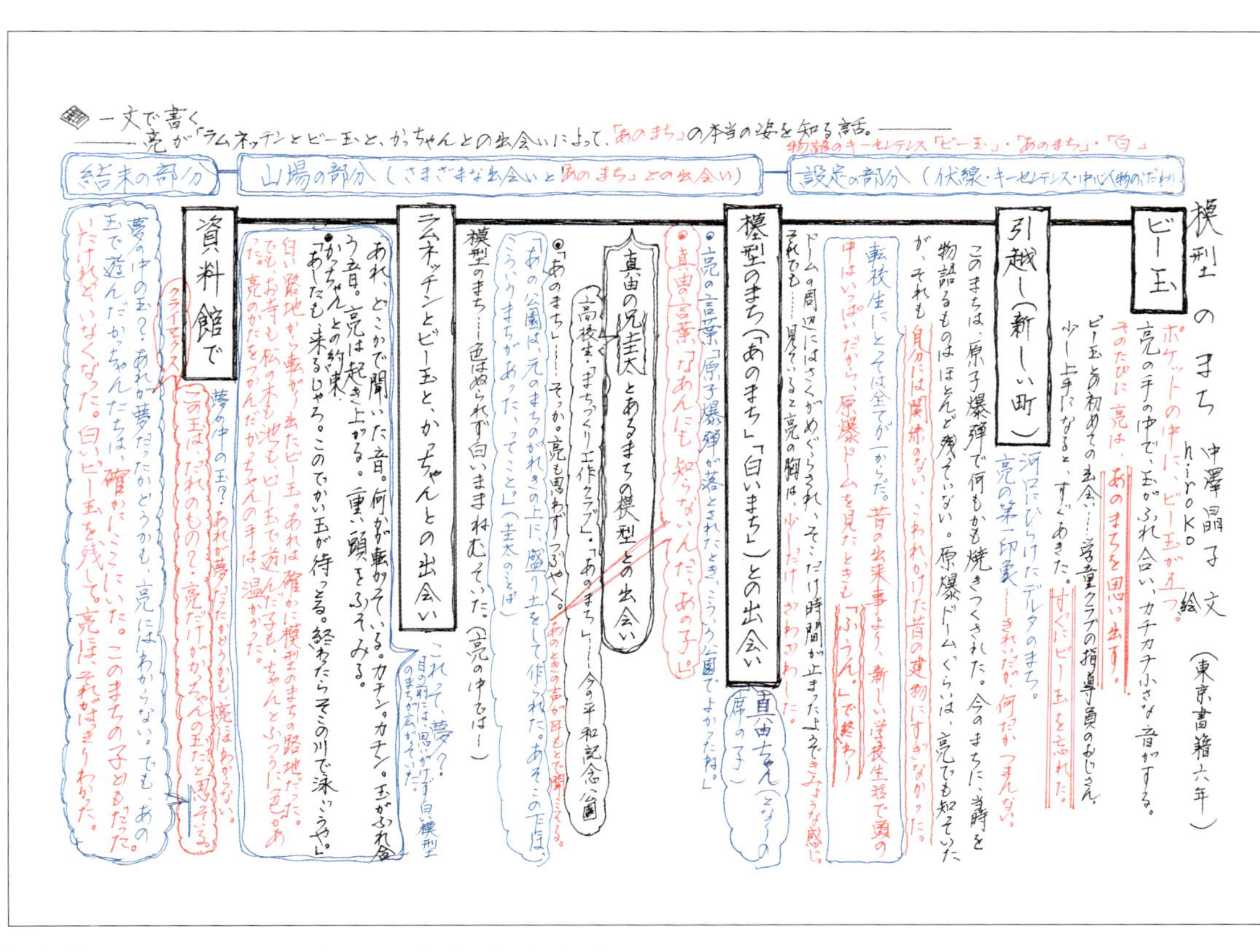

②**思考のズレ**

・亮が、模型のまちを知った話。　・亮が新しいまちを知った話。

・亮に、新しい友達ができた話。

いずれも亮の変化には違いありませんが、「この物語の中心人物の変化」としてとらえることができるかどうかは、変容のきっかけが大切になります。

③**思考のズレから生まれる子どもたちの問い**

亮は、何によって、どのように変化したのだろう？

2 問いの解決

①**冒頭と結末の亮の様子を比較する**

冒頭の亮は、どこか冷めているような印象があります。一方、結末の亮は、広島のまちに結びつきを感じているように読み取れます。

②**亮の変化を象徴しているものをとらえる**

物語全編を通して、「色」に関する叙述が多いことや、色が、中心人物の心情と関連付けられていることをとらえます。また、はじめは「ぴんと来ない」といっていた白い模型のまちについて、夢の中で初めて色のついた現実の風景と感じたことや、ビー玉の重さを感じて「はっきりわかった」としていることから、これらが変容のきっかけとなったことをとらえます。

③**一文でまとめる**

亮が、模型のまちの夢を見て、出土したビー玉に触れることによって、今のまちの下に本当に模型のまちがあったことを知る話。（例）

「問い」の条件と「課題」の分類

本書では、教材分析の結果を「さまざまな場における問題解決に活用できる汎用的な力」に結びつけていくための単元の構想について、「教師が示す『課題』」〜「子どもたちの思考の『ズレ』」〜「思考のズレから生まれる子どもたちの『問い』」を基本とし、問いの解決を通して「力」や「技」を習得することを目指しました。その詳細は本書の「I　教材分析の鉄則」をお読みいただきたいのですが、「力」や「技」を、汎用的な力とするためには、最初の「教師が与える課題」が「子ども自身から生まれる問い」にしっかり結びつくものでなければなりません。

それだけに、「どんな課題を提示したらよいか」と、皆さん悩まれることでしょう。「どんな課題にするか」を検討する際のヒントになればと思い、「課題」にはどんなものがあるのか、下のように分類してみました。ただし、この分類はまだ検討の途上にあるものです。皆さんの意見もいただきながら、さらに深めていきたいと考えています。

なお、これらが生み出す「子どもたちの問い」についても、次のような条件に合致していることが必要です。

【問いの条件】

- 教材の特徴や仕組みから生じた「思考のズレ」によるものであること。
- 「用語」「方法」「原理・原則」を糧として、明確に解決できること。
- 問いの解決を通して習得した「技」が、さまざまな場における問題解決に活用できる汎用的な力であること。

【課題の分類】

選択型……論点を明確にする。
例「中心人物は太郎君？ 二郎君？」

否定型……論点を限定することで、意見を出しやすくする。
例「この物語の中心人物は『太郎君』でいいですか？」

拡散型……議論を拡散させ、さまざまな意見を出させる。
例「この物語の『主題』は何でしょう？」

収束型……議論の方向性をそろえる。
例「この詩は、『体言止め』が使われています。この詩が強調しているのはどんなことでしょう？」

理由追究型……根拠を考えさせる。
例「なぜ、『太郎君』は幸せな気持ちになったのですか？」

推論型……仮説をもとに考えさせる。
例「もし『太郎君』が本当に喜んでいたのなら、どうなったでしょうか？」

問い返し型……論点に立ち戻らせる。
例「『太郎君が幸せになった』ということは、どういうことでしょうか？」

ゆさぶり型……思い込みや決めつけに気づかせる。
例「この物語の中心人物は、本当に『太郎君』でいいですか？」

架空の人物を用いた選択型……選択肢を選びやすくする。
例（架空の人物である太郎君、二郎君、花子さんの意見を紹介し）「あなたは、誰の意見と同じですか？」

新教材の教材分析と単元構想

説明文編

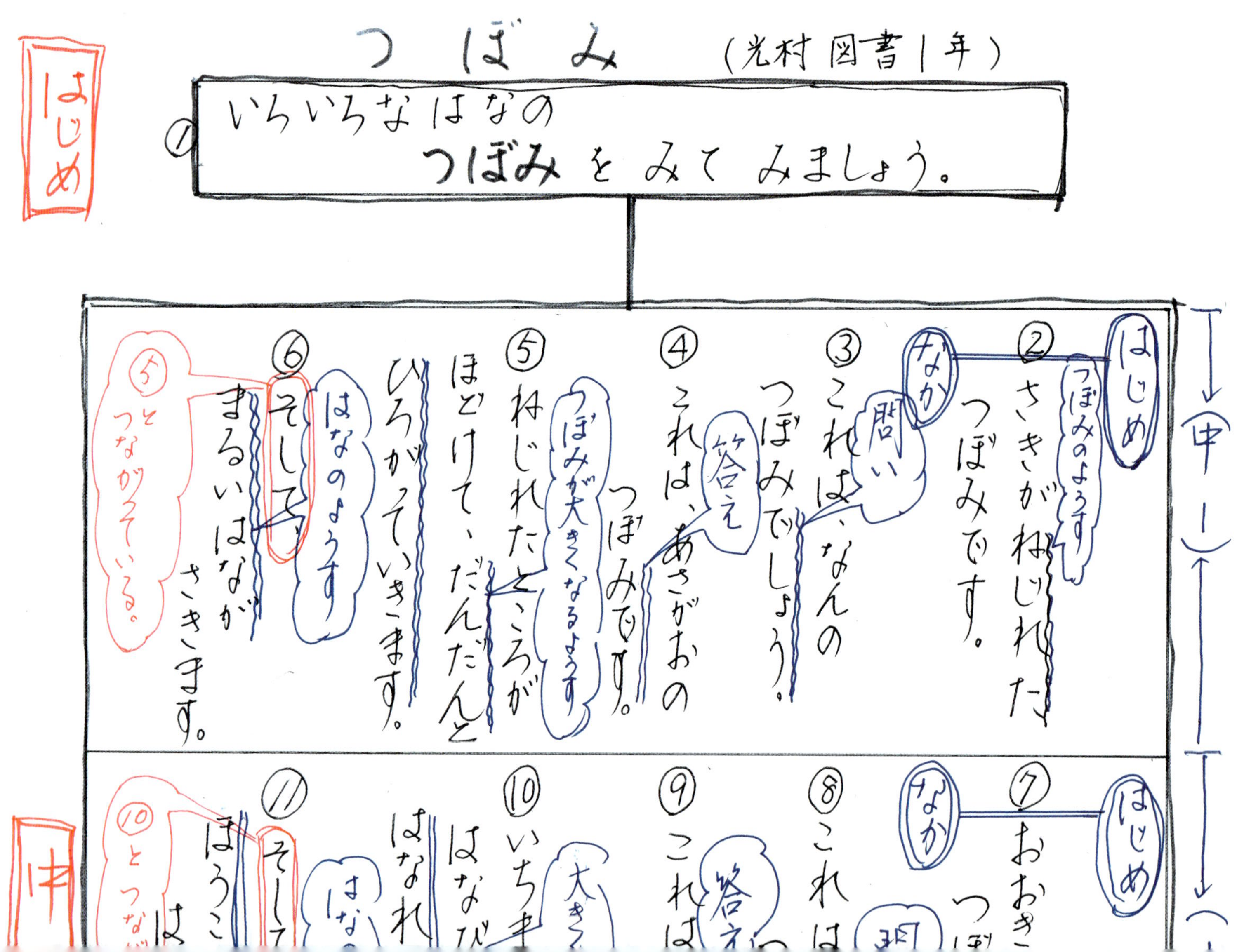

つぼみ （光村図書1年）
はじめ
① いろいろなはなの つぼみを みて みましょう。
中 1
はじめ
② さきが ねじれた つぼみです。
つぼみのようす
なか
③ これは、なんの つぼみでしょう。
問い
④ これは、あさがおの つぼみです。
答え
⑤ ねじれたところが、だんだんと ほどけて、ひろがって いきます。
つぼみが大きくなるようす
⑥ そして、まるいはなが さきます。
はなのようす
⑤と つながっている。
中
はじめ
なか
⑦ おおき
⑧ これは
⑨ これは
答え
⑩ いちま
はなび
はなれ
大き
⑪ そして
ほうこ
⑩と つな

（中2）

くふくらんだ
はみです。
（ようす）

、なんの
つぼみでしょう。
（問い）

、はすの
つぼみです。

いいちまいの
らが、
ていきます。
（なるようす）

さまざまな
うにひろがって、
ながさきます。
（のようす）

（…そいる。）

（中3）

（はじめ）（なか）

⑫ ふうせんのような
かたちをしたつぼみです。
（ようす）

⑬ これは、なんの
つぼみでしょう。
（問い）

⑭ これは、ききょうの
つぼみです。
（答え）

⑮ さきのほうからいつつ
にわかれて、ひらいて
いきます。
（大きくなるようす）

⑯ そして、とちゅうからは
つながったまま、
はながさきます。
（はなのようす）

（⑮とつながっている。）

※文章全体は①（はじめ）と②〜⑯（中）の二部構成
※「中」は、同じ構成の形式の3つの事例のくり返し
※「まとめ（おわり）」のない**頭括型**の文章

「終わり」なし

つぼみ（光村図書1年上）

教材の特徴

特徴1　典型的な頭括型の文章である

説明文は、全体を三つに分けたときに結論がどの部分にあるかで「頭括型」「尾括型」「双括型」の三つの文型に分類することができます。これを「基本三文型」といいます。なお、頭括型は、全体が三つではなく二つに分けられる場合もあります。

本教材は「いろいろなはなのつぼみをみてみましょう。」という結論が述べられ、そのあとに事例が三つ示されて終わります。典型的な頭括型の文章です。頭括型の文章はまず結論が述べられるため、筆者が何を伝えたいのかが明確になります。そのため、本教材のような低学年で学習する説明文や、新聞記事などで多く見られます。

特徴2　三つの事例の説明が、同じパターンになっている

本教材では三つの事例があげられていますが、その説明がいずれも五つの文で説明され、次のようなパターンになっています。

> ㋐つぼみのようす　……〇〇なつぼみです。
> ㋑問い　……………………これは、なんのつぼみでしょう。
> ㋒問いに対する答え　…これは、〇〇のつぼみです。
> ㋓答えのつけたし①　…（つぼみが大きくなるようす）
> ㋔答えのつけたし②　…（はなのようす）

このように同じパターンの繰り返しで述べられている文章は、書かれている内容をとらえたり、とらえた内容を整理したりする練習に適しています。

また、同じパターンを使って、身近なものを説明してみると、文章を書く練習にもなります。

特徴3　三つの事例とも指示語・接続語が分かりやすく、内容をとらえやすい

特徴2で述べた内容とも関連しますが、三つの事例の説明で用いられている指示語・接続語が共通しており、内容をとらえやすくなっています。前述のパターンに当てはめてみると、次のようになります。

> ㋑「これは」、なんのつぼみでしょう。
> ㋒「これは」、〇〇のつぼみです。
> ㋔「そして」、〇〇なはながさきます。

㋑の「これは」は、直前の㋐で示されているつぼみをさします。㋒の「これは」も、㋑と同じく、㋐で示されているつぼみをさしています。

㋔の「そして」は、「つけたし」のそしてです。直前の㋓は、㋒の「問いに対する答え」につけたす情報（つぼみが大きくなるようす）ですが、㋔は、さらにつけたす情報（はなのようす）になっています。

指示語が何を示しているのか、接続語に続く文がどのような内容の文なのかをおさえながら読むことが大切です。

単元の構想

1　問いをもつ

①教師が示す「課題」

「つぼみ」には、何が書かれていますか？

②思考のズレ

・はなのつぼみについて
・つぼみのかたち
・つぼみが大きくなってはながさくようす
・「あさがお」と「はす」と「ききょう」のつぼみ

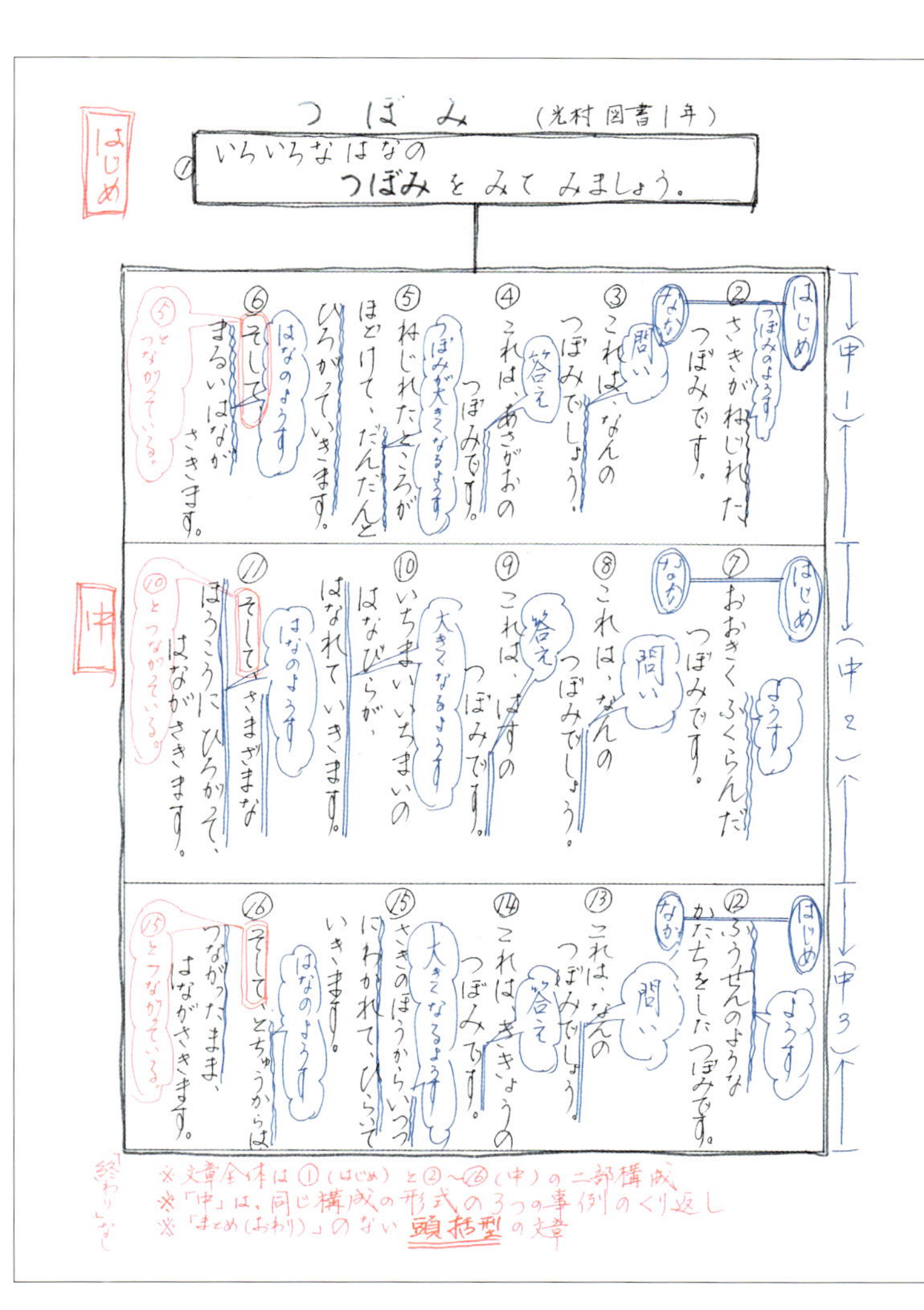

③思考のズレから生まれる子どもたちの問い

「つぼみ」は、何のどんなようすを説明しているの？

2 問いの解決

①書かれていることを整理する

・いくつのつぼみが説明されているか。
・それぞれの段落で、つぼみの、どんなことが説明されているか。

②「段落の仲間」を作る

三つのつぼみの説明で、同じようなことを説明している段落を、仲間にする。

・②、⑦、⑫ ……つぼみの様子
・③、⑧、⑬ ……問題（問い）
・④、⑨、⑭ ……答え
・⑤、⑩、⑮ ……つぼみが大きくなるようす
・⑥、⑪、⑯ ……花のようす

③説明されていることをまとめる

あさがお、はす、ききょうの、つぼみのようすと、つぼみが大きくなるようす、はなのようすをせつめいしている。（例）

①段落で「いろいろなはなのつぼみをみてみましょう。」と書かれているので、「いろいろなはなの、つぼみのようすと、つぼみが大きくなるようす、はなのようすをせつめいしている。」としてもいいでしょう。

（光村二年下）

紙コップ花火の作り方

まるばやし さわこ

おもちゃの作り方をせつめいしよう

1 はじめに

①どんなおもちゃを作るのかを説明

わかりやすく動きなどを入れる。

「紙コップから、きれいな花火が出てくる。

「紙コップ花火」……おもちゃの名前

・三つのざいりょうで、かんたんにできる。

2 準備

②〈ざいりょうとどうぐ〉

数・大きさ

・紙コップ（一こ） ・わりばし（一ぜん）

③・紙（教科書よりも少し大きなもの）（一まい） ・色えんぴつ

・はさみ ・ものさし ・のり ・セロハンテープ ・えんぴつ

数や大きさどのくらい（量）を入れる

3 方法

④〈作り方〉

⑤ はじめに 花火のぶぶんになる紙。

・紙をよこむきにおりて、色えんぴつで線やもようをかく。

・かきおわったら、紙を半分に切り分ける。

⑥ つぎに、花火のぶぶんを作る。

⑤⑥⑦⑧のことばを使って、順番をわかりやすくする

・半分に切った紙、一センチメートルのはばで、手前からおる。

※はばが細すぎると、花火がうまくひらかない。

谷おり、山おりのじゅんにくりかえしておる。

・さいごまでおると、細い長方形になる

↓長さが半分になるようにおる。

・かさなるところをのりでつけてしゃしん④の形にする。

・二つできたら、わりばしの太いほうの先にのりでつける。

※わりばしをはさむようにしてつける。

・紙コップをさかさまにして、まん中にえんぴつであなを空ける。

②〈ざいりょうとどうぐ〉
④〈作り方〉
⑨〈楽しみ方〉

「小見出し」を入れるとわかりやすい。

⑦・それから、花火のぶぶんを、紙コップに入れる。

わりばしの細いほうを、紙コップの内がわからさしこむ。

⑧さいごに、花火のぶぶんと紙コップをくっつける。

セロハンテープで、花火のぶぶんのはしを紙コップの外がわにとめる。

※はしの一まいだけをとめるようにする。

これでできあがりです。

※実際に説明する文章を書く場合には、「小見出し」が重要となる。

4 あそび方

⑨〈楽しみ方〉

あそびの工夫も入れるといい

⑩紙コップをもって、わりばしを上におすー花火がひらく

わりばしを下に引くー花火がとじる

紙コップ花火の作り方（光村図書２年下）

教材の特徴

特徴１　見出しによって、おもちゃの作り方が分かりやすく書かれている

本教材は、〈ざいりょうとどうぐ〉〈作り方〉〈楽しみ方〉という見出しがついています。そのため、何が書かれているのかが分かりやすくなっています。

特徴２　〈作り方〉の説明で、順序を表す言葉が使われ、分かりやすい

〈作り方〉の説明では、次のような「順序を表す接続語」が使われています。

・まず	・つぎに	・それから	・さいごに

順序を表す接続語には、これらのほかに次のようなものがあります。

・はじめに	・二番目に	・つづいて	・おわりに　など

物事の手順などを説明するときには、順序を表す接続語を使うと、分かりやすくなります。

特徴３　写真を使って説明されており、分かりやすい

本教材は、写真による材料や作り方の説明が添えられており、分かりやすくなっています。

説明の文章と写真とが番号によって紐づけされていることや、写真の中に説明を補助する点線や矢印などが書き加えられることによって、より分かりやすくなっています。

単元の構想

１　問いをもつ

①教師が示す「課題」

おもちゃの作り方の説明には何が書かれていますか。

②思考のズレ

・どんなおもちゃか
・材料
・作る順番
・遊びかた

③思考のズレから生まれる子どもたちの問い

作り方を分かりやすく説明するためには、何を、どう説明すればいいの？

２　問いの解決

①それぞれの事柄だけ読んだり聞いたりして、おもちゃが作れるかどうかを考えてみる

・どんなおもちゃかだけ、説明されたとき……材料や作り方が分からないので作れない。遊び方も分からない。
・ざいりょうだけ、説明されたとき……どんなおもちゃが出来上がるの

紙コップ花火の作り方
おもちゃの作り方をせつめいしよう
まるばやし　さわこ
（光村二年下）

わかりやすく動きなどを入れる

1 はじめに　①どんなおもちゃを作るのかを説明
・「紙コップから、きれいな花火が出てくる。「紙コップ花火」……おもちゃの名前
・三つのざいりょうで、かんたんにできる。

数や大きさどのくらい（量）を入れる

2 準備　②〈ざいりょうとどうぐ〉
③・紙コップ　一こ　・わりばし　一ぜん
・紙（教科書よりも少し大きなもの）一まい　・色えんぴつ
・はさみ　・ものさし　・のり　・セロハンテープ　・えんぴつ

数・大きさ

⑤⑥⑦⑧のことばを使って、順番をわかりやすくする

3 方法　④〈作り方〉
⑤ まず、花火のぶぶんになる紙。
・紙をよこむきにおいて、色えんぴつで線やもようをかく。
・かきおわったら、紙を半分に切り分ける。
⑥ つぎに、花火のぶぶんを作る。
・半分に切った紙、一センチメートルのはばで、手前からおる。
※はばが細すぎると、花火がうまくひらかない。
谷おり、山おりのじゅんにくりかえしておる。
・さいごまでおると、細い長方形になる
・かさなるところをのりでつけてしゃくん④の形にする。
長さが半分になるようにおる。
・二つできたら、わりばしの太いほうの先にのりでつける。
※わりばしをはさむようにして、つける。

②〈ざいりょうとどうぐ〉
④〈作り方〉
⑨〈楽しみ方〉
「小見出し」を入れるとわかりやすい。

⑦ それから、花火のぶぶんを、紙コップに入れる。
・紙コップをさかさまにして、まん中にえんぴつであなを空ける。
わりばしの細いほうを、紙コップの内がわからさしこむ。
⑧ さいごに、花火のぶぶんと紙コップをくっつける。
セロハンテープで、花火のぶぶんのはしを紙コップの外がわにとめる。
※はしの一まいだけをとめるようにする。
これでできあがりです。

※実際に説明する文章を書く場合には、「小見出し」が重要となる。

あそびの工夫も入れるといい

4 あそび方　⑨〈楽しみ方〉
⑩ 紙コップをもって、わりばしを上におす――花火がひらく
わりばしを下に引く――花火がとじる

か、その材料を使ってどう作ればいいのかが分からないので作れない。遊び方も分からない。

・作る順番だけ、説明されたとき……どんなおもちゃができあがるのか、どんな材料を使うのかが分からないので作れない。遊び方も分からない。

・あそび方だけ、説明されたとき……どんな材料を使って、どう作ればいいのか分からないので作れない。

②①のことから、どんな項目の説明が必要かを考える

これらのことから、おもちゃの作り方を説明するときには、次の項目がすべて必要であることを確認します。

・どんなおもちゃを作るか。
・どんな材料を使うか。
・どんな順番で、どう作るか。
・出来上がったら、どう遊ぶか。

③自分が考えたおもちゃの作り方を説明してみる

①、②をもとに、自分が考えたおもちゃの作り方を説明する文章を書いてみます。

こういった教材文の場合、「説明に従って紙コップ花火を作ってみる」という活動をしがちですが、授業の中心が「紙コップ花火を作る」になってしまい、「説明の仕方」についての学習がおろそかになってしまいます。安易に創作活動に走らないよう注意してください。

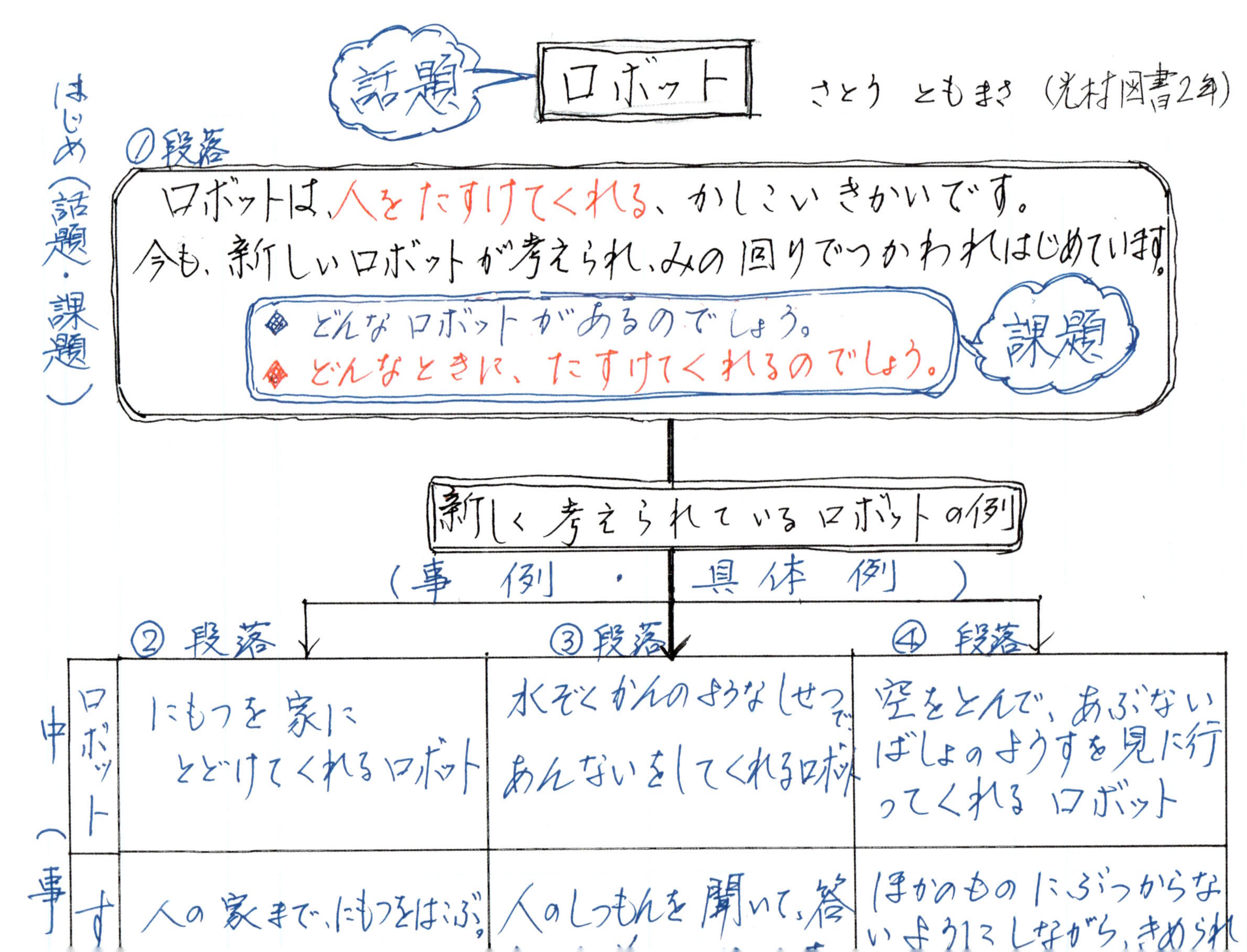
話題
ロボット
さとう ともまさ（光村図書2年）
はじめ（話題・課題）
①段落
ロボットは、人をたすけてくれる、かしこいきかいです。
今も、新しいロボットが考えられ、みの回りでつかわれはじめています。
◈どんなロボットがあるのでしょう。
◈どんなときに、たすけてくれるのでしょう。
課題
新しく考えられているロボットの例
（事例・具体例）
②段落
③段落
④段落
中（事
ロボット
にもつを家にとどけてくれるロボット
水ぞくかんのようなしせつで、あんないをしてくれるロボット
空をとんで、あぶないばしょのようすを見に行ってくれるロボット
す
人の家まで、にもつをはこぶ。
人のしつもんを聞いて、答
ほかのものにぶつからないようにしながら、きめられ

文様／こまを楽しむ（光村図書3年上）

教材の特徴

特徴1　二教材セットの学習材となっている

本教材は、「文様」と「こまを楽しむ」という二つの学習材がセットになっています。まず第一教材である「文様」で読み方の基本的な学習を行い、そこで学んだことを使って第二教材の「こまを楽しむ」を読んでいくという流れになります。

このような場合に注意しなければならないのは、第一教材を学習する段階で、第二教材も含めた学習を通してどんな読みの力を獲得するのかを明確にしておくということです。その点が曖昧だったり、獲得を目指す読みの力が第一教材と第二教材で違っていたりすると、二教材セットで学習する意味がなくなってしまいます。

また、第二教材の学習を第一教材の学習の繰り返しとして行っても意味はありません。第二教材の学習時には、第一教材で獲得した読みの力を使って自分で読んでみるなど取り組み方を工夫することによって、子どもたちは学んだことを再確認するとともに、自分の成長を実感できます。学習意欲の向上にもつながるでしょう。

特徴2　二教材とも、基本三部構成が明確である

二教材セットの場合、基本的な構成や展開の仕方などは共通しています。

本教材でも、「基本三部構成が明確」といった特徴や、特徴3で述べる「筆者の主張が明確」といった特徴は共通しています。基本的な部分が共通しているからこそ、二教材セットならではの学習が可能になるともいえます。

「文様」に関しては基本三部構成が教科書で示されています。しかし、ただ区切りの位置を確認するだけでは意味がありません。そうして〈はじめ〉は①段落なのか、〈おわり〉は⑤段落なのか、〈なか〉の②～④段落はどのようなはたらきをしているのかなどを確認しておくことで、「こまを楽しむ」の学習で、子どもたちが自分の力で基本三部構成を明らかにすることができるのです。

【「文様」の基本三部構成】

〈はじめ〉①段落
〈なか〉②段落～④段落
〈おわり〉⑤段落

【「こまを楽しむ」の基本三部構成】

〈はじめ〉①段落
〈なか〉②段落～⑦段落
〈おわり〉⑦段落

特徴3　二教材とも、筆者の主張が明確である

二教材とも双括型の文章です。双括型では〈おわり〉で結論が繰り返されたのち、〈はじめ〉ではふれられなかった情報が追加されます。本教材では二教材とも、筆者の主張が追加されています。

単元の構想

1　問いをもつ

①教師が示す「課題」

筆者の主張は、どこにあるの？

筆者の主張とは、筆者がその説明文で示した事例・具体例やそのまと

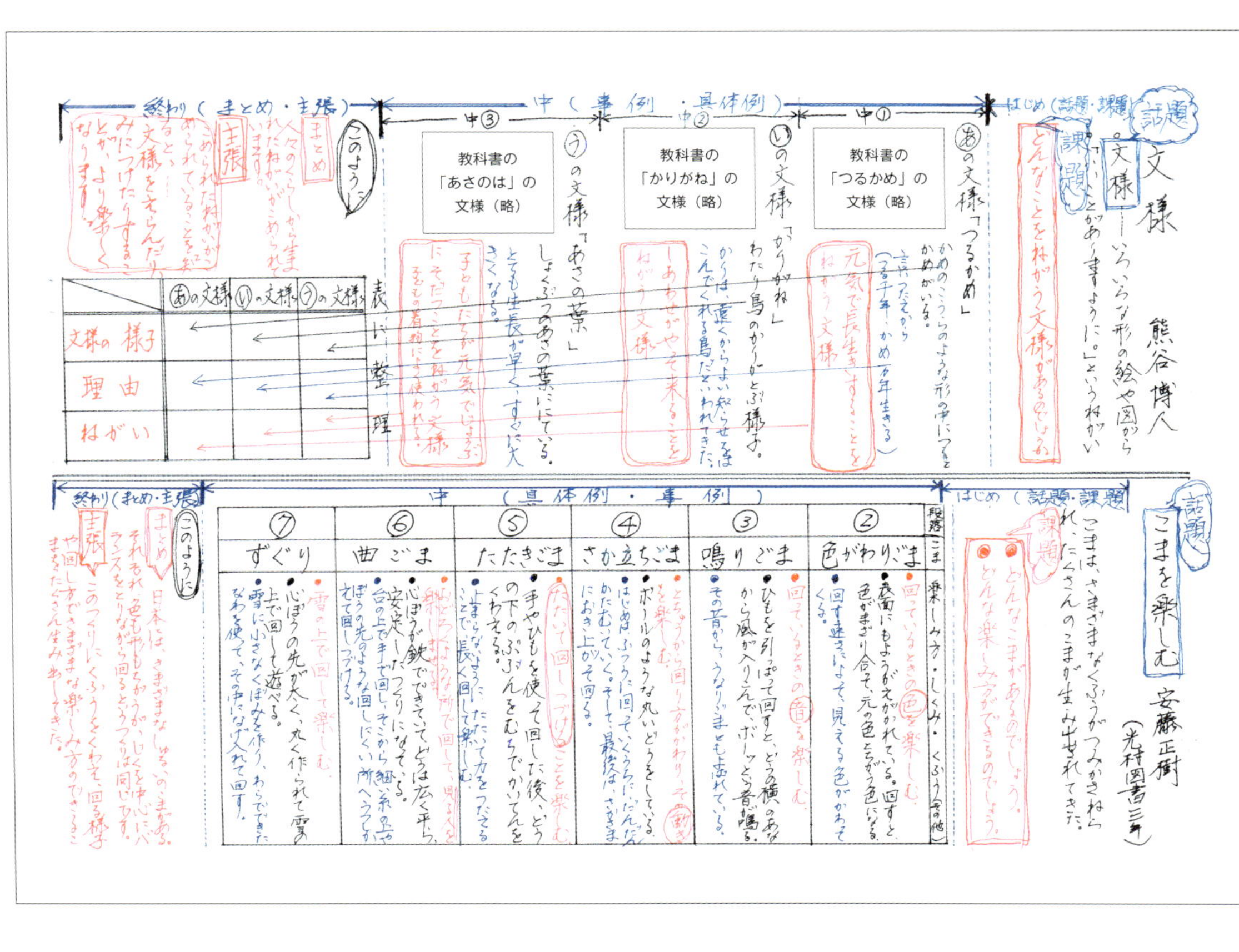

を踏まえて述べる、筆者の考えのことです。多くは、その文章を通して筆者が伝えたいことですが、主張を一般化・抽象化した要旨がある場合には、筆者がより強く伝えようとしているのは要旨になります。この課題を示す場合には、「筆者の主張」とは何かを事前に学習していることが必要です。

②思考のズレ

「文様」

・①段落　・⑤段落

「こまを楽しむ」

・①段落　・⑧段落

③思考のズレから生まれる子どもたちの問い

筆者はどんなことを言いたいの？

2 問いの解決

①基本三部構成を明らかにしたうえで、〈おわり〉の内容をとらえる

〈おわり〉も一文目は「このように」ではじまっていることから、〈なか〉で示された具体例のまとめであることが分かります。このまとめは、〈はじめ〉で述べられていることが繰り返されています。

②〈おわり〉の二文目をとらえる

〈おわり〉の二文目は、〈はじめ〉では触れられていないことが述べられています。その内容は一文目を踏まえていますが、客観事実ではなく、筆者の考えです。したがってこれが筆者の主張で、筆者が伝えたかったことだと分かります。

（話題・課題の部分）

未来につなぐ工芸品　大牧圭吾（光村四年）

①職人の手仕事で一つ一つ作られている「工芸品」

②工芸品を未来の日本にのこしていきたいと考えているわたし。

話の材料　話題

解決しなければいけない問題　課題

①「工芸品」（題名「未来につなぐ工芸品」）

②工芸品を未来の日本にのこしていきたい（わたし）

一つ目の理由

③過去、げんざいと続いてきた日本の文化やげいじゅつを、未来につないでくれる工芸品。

例：「奈良墨」…千年以上も前から
「文字や絵をかくための道具」
木や紙にかかれた墨は、今も消えることなく、当時の文化をわたしたちに伝えてくれている。
げんざいも色合いが美しく、かきごこちのよい墨として使える。

その他：茶道で使う茶わん、せんす、祭りのときのちょうちんやおどいこ等

二つ目の理由

④未来につないでくれるかんきょう

工芸品
●材料や作り方の面で、かんきょうへの負荷が少ないというとくちょうがある。
◎長く使えるように作られているので、ごみをへらす。

例：「南部鉄器」
火山岩のすなとねん土をまぜて型を作り、そこに木炭の火でとかした鉄を流しこんで鉄びんやふうりんなどを作る。

（　　の部分）

（事例・具体例

のよさのちょうせんや和たい、等

職人が作る工芸品があるからこそ、日本の文化やげいじゅつを未来にのこせるのです。

電気や化学薬品を使わなくても作れる。五十年、百年と使い続けることができる。

材料や作り方、そして長く使えるという点で、かんきょうにやさしいといえます。

このような理由から

⑤工芸品を未来の日本にのこしたいと考えるわたし

工芸品には、道具としての便利さ、使いごこち、色や形、もようの美しさなど、さまざまなよさがあります。どこにみりょくを感じるかは、人それぞれです。

⑥工芸品を作っている人だけが職人なのではなく、そのよさをみんなに伝えてくれる人も「一人の職人」

長野県の「木曽漆器」の職人

自分が本当によいと感じたことを、職人がこめた思いとともに伝えていくようにしています。

それからは、自分もその工芸品に関わる「一人の職人」なのだという気持ちで……わたし

（まとめ・主張の部分）

⑦日本の文化やげいじゅつ、そして、かんきょうを未来につないでいくことになる工芸品

「わたし」

まとめ

日本の文化やげいじゅつ、そして、かんきょうを未来につないでいくことになると考えます。

主張

工芸品にみりょくを感じたら、「一人の職人」になって、その感じたかを伝えてみてください。

未来につなぐ工芸品（光村図書４年下）

教材の特徴

特徴1　話題・課題が明確に示されている

説明文の読みにおいては、その文章の「話題」と「課題」を明確に把握することが重要です。

	本教材では…
【話題】その文章で取り上げられていること、題材	工芸品
【課題】問題や題目、解決しなければならない問題	工芸品を未来にのこしていきたいと考えています。

「課題」は、多くの場合、文末が「〜でしょう。」とか「〜でしょうか。」というようになっていますが、本教材では「わたしが考えていること」の説明がなされているということからここを「課題」としました。

特徴2　「わたし」という一人称限定で、述べられている

②段落で「わたしは、そんな職人と、……」「わたしは、工芸品を……」というように「わたし」の視点で書かれており、筆者「わたし」の考えが述べられていると推測できます。このことから、本教材では、筆者がどのような考えをもっているのかが分かり、筆者の主張を明確にとらえることができます。

特徴3　双括型の構成となっている

「わたしは、工芸品を未来の日本にのこしていきたいと考えています。」（②段落）、「わたしは、工芸品を未来の日本にのこしたいと考えます。」（⑥段落）と、同じ内容がくり返されています。これが「はじめに結論を述べ、終わりでまた、結論を述べる」という「双括型」の文章の特徴で、主張を強調しています。この特徴から、筆者が主張したいことを明確にとらえることができます。

単元の構想

1　問いをもつ

①教師が示す「課題」

筆者が伝えたいことをまとめよう。

②思考のズレ

・工芸品のよさを伝える仕事をしよう。
・工芸品を未来の日本にのこしていこう。
・日本の工芸品を作って、残していこう。
・工芸品のよさを伝える仕事をしていこう。

③思考のズレからの「問い」

筆者は、どのようなことを主張したいのだろう？

2　問いの解決

①比較していることを読む

「工芸品を未来の日本に残していきたい」と考える「わたし」の根拠を比較します。

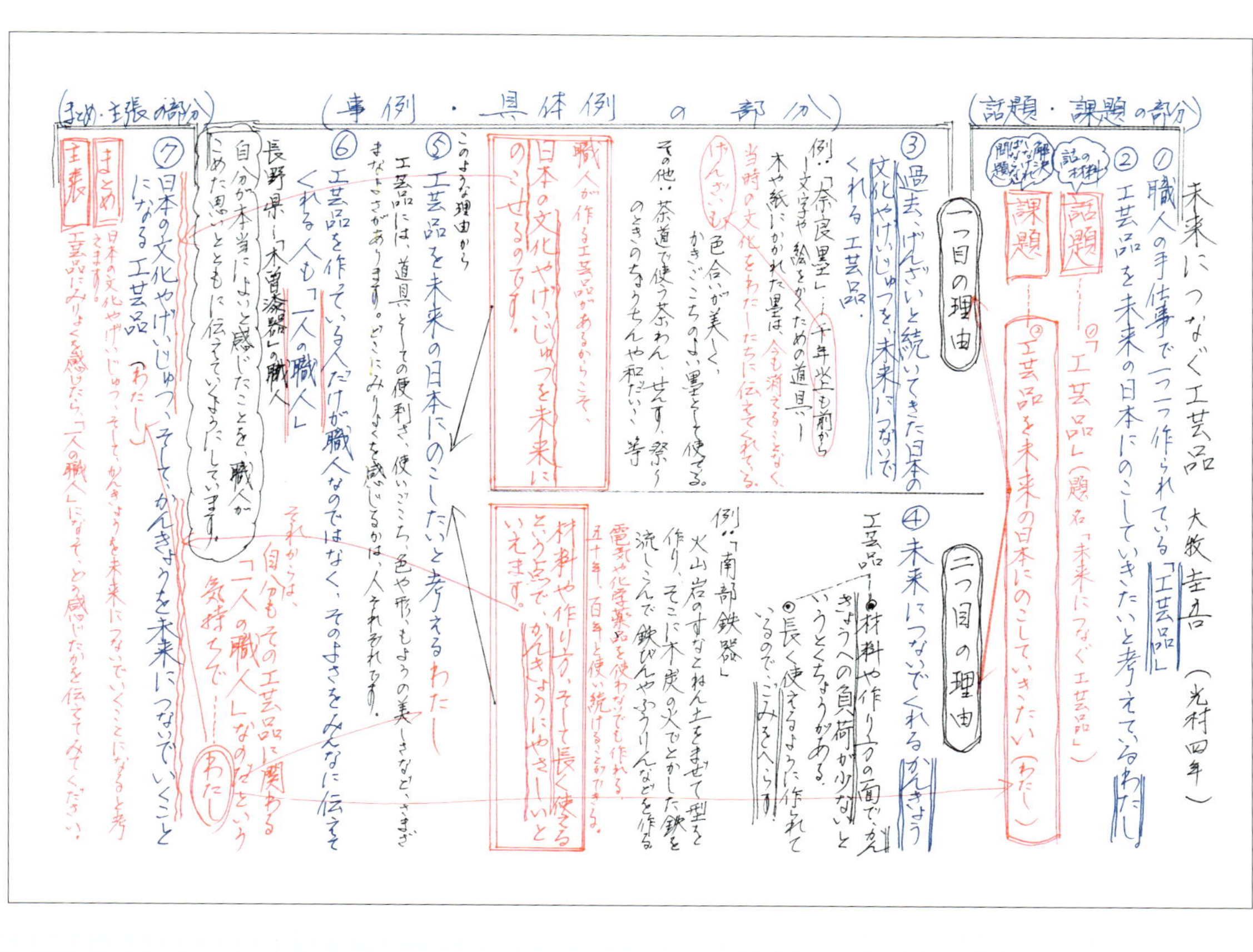

一つ目の理由	過去、げんざいと続いてきた日本の文化やげいじゅつを、未来につないでくれることです。（③段落）
二つ目の理由	かんきょうを未来につないでくれることです。（④段落）

② 比較した結果から筆者がいいたいことをつかむ

・二つの「理由」を比較（整理）している段落→⑤段落

「工芸品には、道具としての便利さ、使いごこち、色や形、もようの美しさなどのさまざまなよさがある。」→「話題」のまとめ

③ 筆者私が最も主張したいことをつかむ

・『話題』のまとめ」に筆者が付け加えたこと→⑥段落

「工芸品のよさをみんなに伝えてくれる人も、『一人の職人』である。自分が本当によいと感じたことを、職人がこめた思いとともに伝えていきたい。」

④ 筆者の主張をまとめる

工芸品をのこすことは、日本の文化やげいじゅつ、そして、かんきょうを未来につないでいくこととなると考えます。だから、工芸品のみりょくを感じたら、「一人の職人」になって、自分がどう感じたかを伝えてほしいと、「わたし」は考えている。（例）

風船でうちゅうへ

岩谷　圭介（光村図書四年）

話題

① わたしがとった一枚の写真（うちゅうと青い地球）カメラを付けた風船で。

② うちゅうへ行くものを、何か、自分で作りたい。（図①）

問題＝大がかりなそうち・たくさんの人・多くのお金……自分にはできそうにないとあきらめかけて

課題

③ 二〇一一年八月……ニュース（自作そうちでうちゅうと地球をさつえいしたアメリカの大学生）

「これなら、自分でもできるかもしれない。」そんな思いから、ちょうせんは始まった。

自作そうち	つくり・仕組み	工夫・結果・問題・課題（次へ）
④ 一号機 二か月後の十二月	○カメラをはっぽうスチロールでおおったそうちに、二十五個の風船を付けた。（図②） ⑤ ―百メートルの高さまで上がり、空にただよった。	○最初の実験として、百メートルの高さまで飛ばす。 ○カメラは、小さくて軽い、動画がとれるものにし、ひもを付けて、地上とつなぐことにした。 ○ぐわんぐわんとゆれたえいぞうとポコポコという音。 ？風船どうしがぶつかり、ゆれが、カメラに伝わったのだ？ ――一号機の失敗は、次に進むためのヒントをくれた。
⑥ 二号機	○少し大きな風船を一個だけ付けて、打ち上げる。（図③） ―カメラを回収できなかったので、―	○二号機と地上とをつないだひもが、不意に力がぬけた。風が強い日だったので、風に流された。そうちと風船をつなぐ金具を結んでいたひもが、ほどけた。 げんいん＝ひもの結び方がゆるかった。風の弱い日まで実験を待てなかったのか、どうか？ 風船を一個にしてよかったのか、どうか？ 回収することの大切さを感じた失敗――
⑦ 三号機	○ひもの結び方を改良 ○風の弱い日を選んで	○順調に空に上がり、カメラも回収できた。ゆれがずっと小さくなった。

三号機

……すっと小さくなった。ひもをつけると高く飛べない。次からは、ひもなしで飛ばすことに

⑧ 。高く上げることを一番に考え風船を三つに……

。カメラの入ったそうちに小さな風船をたくさん付けた。

。地上での位置を調べるためにGPS端末を付けた。

⑨ 四号機（図④）

⑩ 初めは、予想どおり飛んだが、とちゅうから想定外の方向に飛び、太平洋沖合いに落ちた。（図⑤）

。GPS端末もこわれ、どこにあるかわからない（図⑥）

——自分には無理なちょうせん？暗い気持ちになる

⑪ 四号機が見つかる。（そうちに連絡先を書いた。）

⑫ 四号機の失敗から

——飛ぶ方向や速さを正しく予測する方法を気象庁に相談、このデータをもとに、今後、どのように飛ぶかを予測し、打ち上げ場所を選ぶ

⑬ ——えいぞうがぶれるげんいんは、地上とつなぐひもにある……風に流される風船をひもがおさえる。ひもがなければ、風船は一つでなくてもよい。

⑭ 五号機からの課題

風船が上がる速度がおそいと、風に流されて、打ち上げ場所から遠くはなれたり、十分な高さに上がる前に、カメラの電池が切れたりする。

最終的には、ゆれではなく、上がる速度の問題から、一つのとても大きな風船を使うとよいというけつろんにたどり着いた。

まとめ ⑮ 十一号機　きれいな写真を連続してとれるカメラにしたり、レンズがくもらない工夫と、試行錯誤、初めてうちゅうの写真をとることができた。——成功まであと少し！

⑯ 二〇一二年十月十六号機（図⑦）

あざやかな景色をたくさんさつえいできた。

主張 ⑰ わたしは、もっと大きな風船を使い、うちゅうが見える所まで人を運ぶ研究をしている。たくさん失敗しながら乗りこえていく。

風船でうちゅうへ（光村図書4年下）

教材の特徴

特徴1　〈はじめ〉で、筆者が取り組んだことと解決した問題が明確に示されている

本教材の基本三部構成をとらえると、次のようになっています。

〈はじめ〉　①段落～③段落
〈なか〉　④段落～⑯段落
〈おわり〉　⑰段落

①段落と②段落の間に1行空きがあるので、①段落のみが〈はじめ〉だととらえがちですが、筆者の「ちょうせん」が具体的に始まるのは④段落からなので、①段落～③段落が〈はじめ〉、④段落～⑯段落が事例・具体例を述べた〈なか〉だととらえることができます。

〈はじめ〉では、次の三つのことが述べられています。

- 話題…風船でも、宇宙まで行くことができる。
- 宇宙へ行くために解決しなければならない問題…大がかりなそうちや、たくさんの人、多くのお金が必要。
- 取り組んだこと…自作のそうちと風船で、うちゅうと地球をさつえいする。

特徴2　筆者の「ちょうせん」の内容が、順を追って分かりやすく述べられている

筆者が作った一号機は、アメリカの大学生の記事を見た二〇一一年八月の二か月後、つまり、二〇一一年十月に完成します。このあと、最終的には十六号機まで作られますが、「ちょうせん」の内容が順を追って分かりやすく述べられています。

特徴3　筆者の「工夫・課題・問題・次へ」の流れが分かりやすい

特徴2でも述べたように、筆者が行った工夫や課題・問題・次への取り組みなども一号機から順を追って書かれているため、その流れが分かりやすくなっています。

単元の構想

1　問いをもつ

①教師が示す「課題」

筆者は、どんなことをしようとしているの?

②思考のズレ

- 風船を宇宙まで飛ばそうとしている。
- 風船で宇宙と地球の写真を撮ろうとしている。
- 宇宙に行きたいと思っている。

③思考のズレから生まれる子どもたちの問い

筆者の今の願いは何?

2　問いの解決

①〈はじめ〉に示されている筆者の願いをとらえる

〈はじめ〉の②段落には「いつか、うちゅうへ行くものを、何か、自分で作りたい」と考えていたことが述べられていますが、これは「子どものころ」のことです。

大学で勉強するなかでそれを諦めかけますが、アメリカの大学生の記事を読んで「これなら、自分でもできるかもしれない」と「ちょうせん」をはじめます。「これ」とは、風船で装置とカメラを宇宙と地球が見える所まで上げ、写真を撮ることです。

②〈なか〉を読み、筆者の取り組みを表に整理する

自作装置ごとの、作り・仕組みと、工夫・問題・課題（次へ）を、表に整理します（教材分析図参照）。

③⑯段落と⑰段落の役割をとらえる

⑯段落は、十六号機で「あざやかな景色をたくさんさつえいできた」と、一号機からのちょうせんが成功したことが述べられています。〈なか〉のまとめとも言えます。ただし筆者は、写真を撮影することができたからといって、「ちょうせんがせいこうした」と終わってはいないことを押さえます。

⑰段落は、「これからも、いろいろなこんなんにぶつかるでしょう。」という一文に注目します。「これからも」とあることから、「これまでも」いろいろなこんなんにぶつかってきたことが込められています。それが〈なか〉で示された「ちょうせん」です。挑戦が続いていることが分かります。

続いている「ちょうせん」が、今、筆者が研究している「もっと大きな風船を使い、うちゅうが見える所まで人を運ぶこと」だと分かります。

これらのことは〈はじめ〉でも〈なか〉でもふれられていませんが、②段落の「何か、作りたい」という思いが「風船を使ってうちゅうと地球の写真をとりたい」という思いにふくらんだように、「人を運びたい」にふくらんだと考えられます。「たくさん失敗しながらこんなんをのりこえ、宇宙が見える所まで風船で人を運びたい」が筆者の今の願いだと分かります。

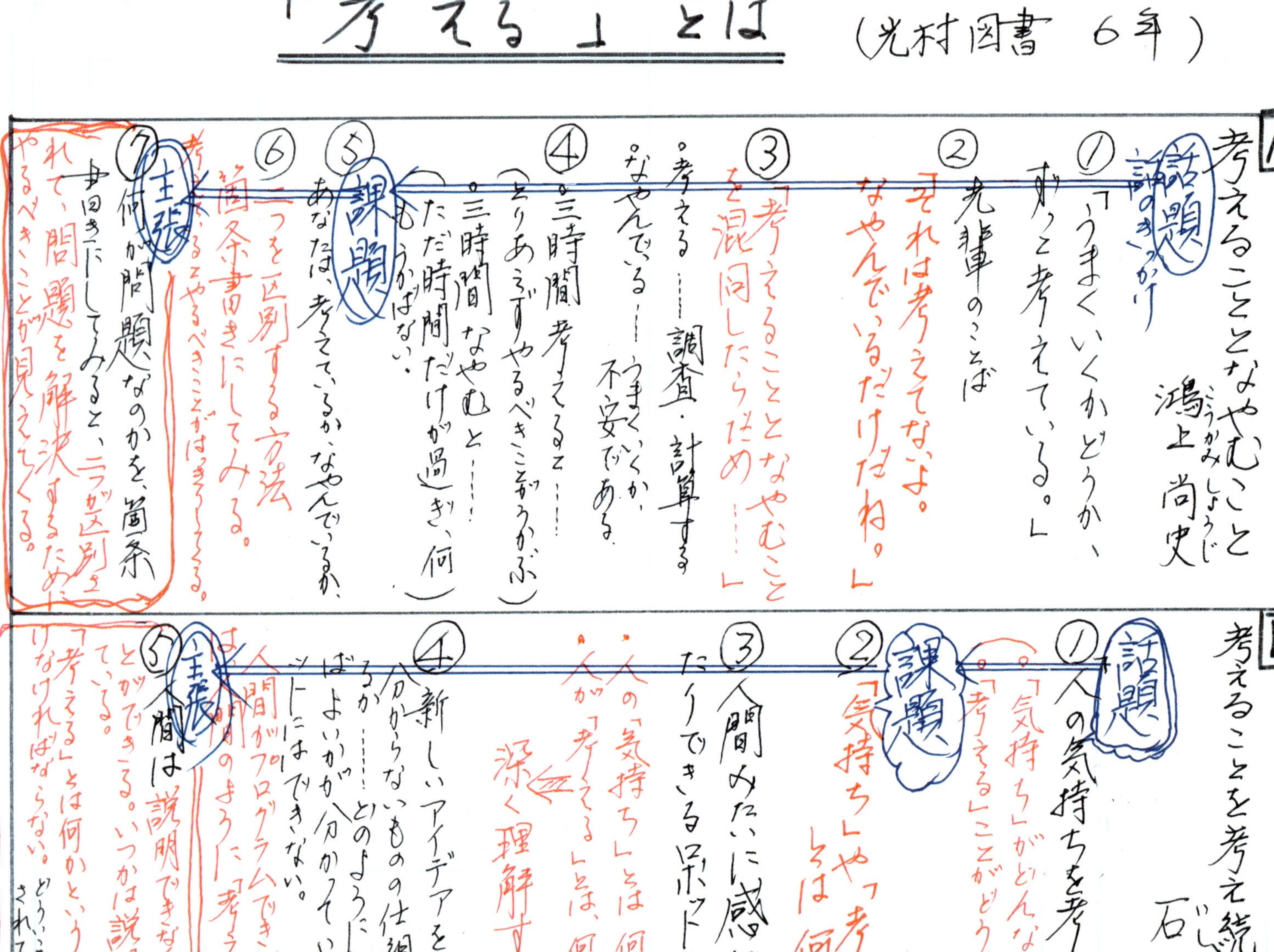
「考える」とは
（光村図書　6年）
A
考えることとなやむこと
鴻上尚史
話題
話のきっかけ
①「うまくいくかどうか、ずっと考えている。」
②先輩のことば
「それは考えてないよ。なやんでいるだけだね。」
③「考えることとなやむことを混同したらため……」
。考える……調査・計算する
。なやんでる……うまくいくか、不安である
④。三時間考えると……
（とりあえずやるべきことがうかぶ）
。三時間なやむと……
（ただ時間だけが過ぎ、何もうかばない。）
⑤課題
あなたは、考えているか、なやんでいるか。
⑥二つを区別する方法
箇条書きにしてみる。
⑦主張
何が問題なのかを、箇条書きにしてみると、二つが区別され、問題を解決するためにやるべきことが見えてくる。
考えるとやるべきことがはっきりしてくる。
B
考えることを考え続
石
①話題
人の気持ちを考
。「気持ち」がどんな
。「考える」ことがどう
②課題
「気持ち」や「考
とは何
③人間みたいに感
たりできるロボット
。人の「気持ち」とは何
。人が「考える」とは、何
深く理解す
④新しいアイデアを
分からないものの仕組
ちか……どのように
ばよいか分かってい
トにはできない。
⑤主張
人間は説明できな
とができている。いつかは説
ている。
。人間がプログラムでき
明のように「考え
「考える」とは何かという
りなければならない。
どういう
されて

C 考える人の行動が世界を変える　中満（なかみつ）泉（いずみ）

話題

①「人間は考える葦である。」パスカルのことば

人間は、葦のように非力な存在だが、考えることによって大きな存在にもなれる。

結論 A

② 大変な状況の中で、何が正しいかを考え、良心と勇気をもち続けようとする人々との出会い。

③ クロアチア系小男性の話。
「だって、おかしいじゃないですか。隣人として暮らしていた人たちと、敵・味方になるなんて。」

④ その時々の世界の流れの中で何かがおかしいと感じ、どうすればよいかを考え、行動した人たち
（デュナンやナイチンゲール。あのクロアチア系小男性）

何が正しいのか、どのような社会にしたいのかを考えて、世界を変えてきたのだ。

⑤ 人間が弱い立場の人に心を寄せること、そして、何が大切なのか、何が正しいのか、どういう未来にしたいのかを考えて、行動することが重要。私たち一人一人が「考える葦」に！

結論 B

（双括型）

◎ それぞれの文型と主張

A 尾括型 ＝ 何が問題なのかを箇条書きにする。

B 尾括型 ＝ 考えるとは何かを考え続けること。

C 双括型 ＝ 何が大切か、正しいか、どうしたいのかを考え行動する「考える葦」になる。

「考える」とは（光村図書6年）

本教材は、三人の筆者による三つの文章からなっています。ここでは、便宜的に次のように表記します。

教材Ａ　「考えることとなやむこと」鴻上尚史
教材Ｂ　「考えることを考え続ける」石黒浩
教材Ｃ　「考える人の行動が世界を変える」中満泉

特徴1　基本三文型の分類から、それぞれの特徴をとらえることができる

教材Ａと教材Ｂは、結論が〈おわり〉にある「尾括型」、教材Ｃは結論が〈はじめ〉と〈おわり〉の両方にある「双括型」です。

尾括型は、筆者が自分の感想や驚き、発見を述べるのに効果的な文型です。筆者自身の考えや主張が明確に示されますが、それほど強くはありません。双括型は、読み手を説得するための文型です。筆者の主張性は尾括型よりも強くなります。

特徴2　それぞれの「筆者の主張」をとらえやすい

「筆者の主張」は結論の一部ですが、特徴1でも触れたように、基本三文型のどれにあたるかが分かりやすいということは、その文章の結論がどこにあるのかが分かりやすいということでもあります（それぞれの「筆者の主張」は教材分析図を参照）。

特徴3　それぞれの文章構成がとらえやすく、その比較から筆者の主張を比較することができる

教材文Ａ～Ｃは、五～七段落で構成され、基本三部構成もとらえやすくなっています。そのため、文章構造図もまとめやすいといえます。

文章構造図とは、内容や役割をもとにした形式段落のまとまりを、図に表したもので、文章全体の構成や意味段落をとらえるために作成します。文章構造図は、以下の手順でまとめます。

①形式段落の番号を横に並べて書く。
②段落の主語からとらえる「主語連鎖」や、「問いと答え」の関係などから段落のまとまり（意味段落）をつくる。
③文章全体を三つに分ける。
④要点や小見出しを付ける。（②で段落の主語をとらえていれば、それが要点や小見出しをまとめる作業にもつながっている。）

教材文Ａ～Ｃの教材構造図は、次のようになります。

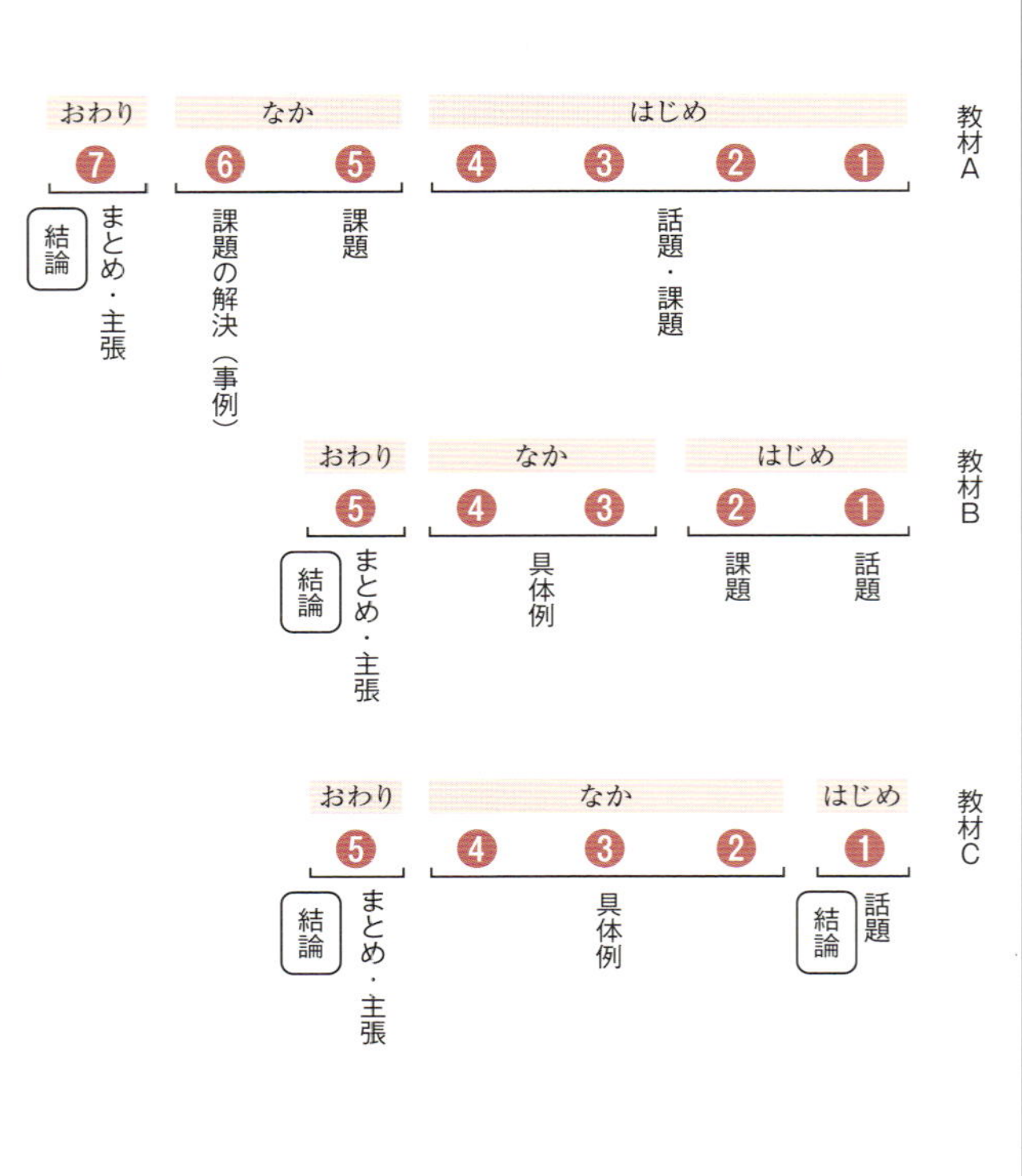

単元の構想

1 問いをもつ

① 教師が示す「課題」

筆者はどんなことを主張したいの？

② 思考のズレ

・どこがいちばん強く言いたい部分なのか、はっきりしない。
・「まとめ」と「主張」のちがいが分からない。

③ 思考のズレから生まれる子どもたちの問い

どうすれば「主張」が読み取れるの？

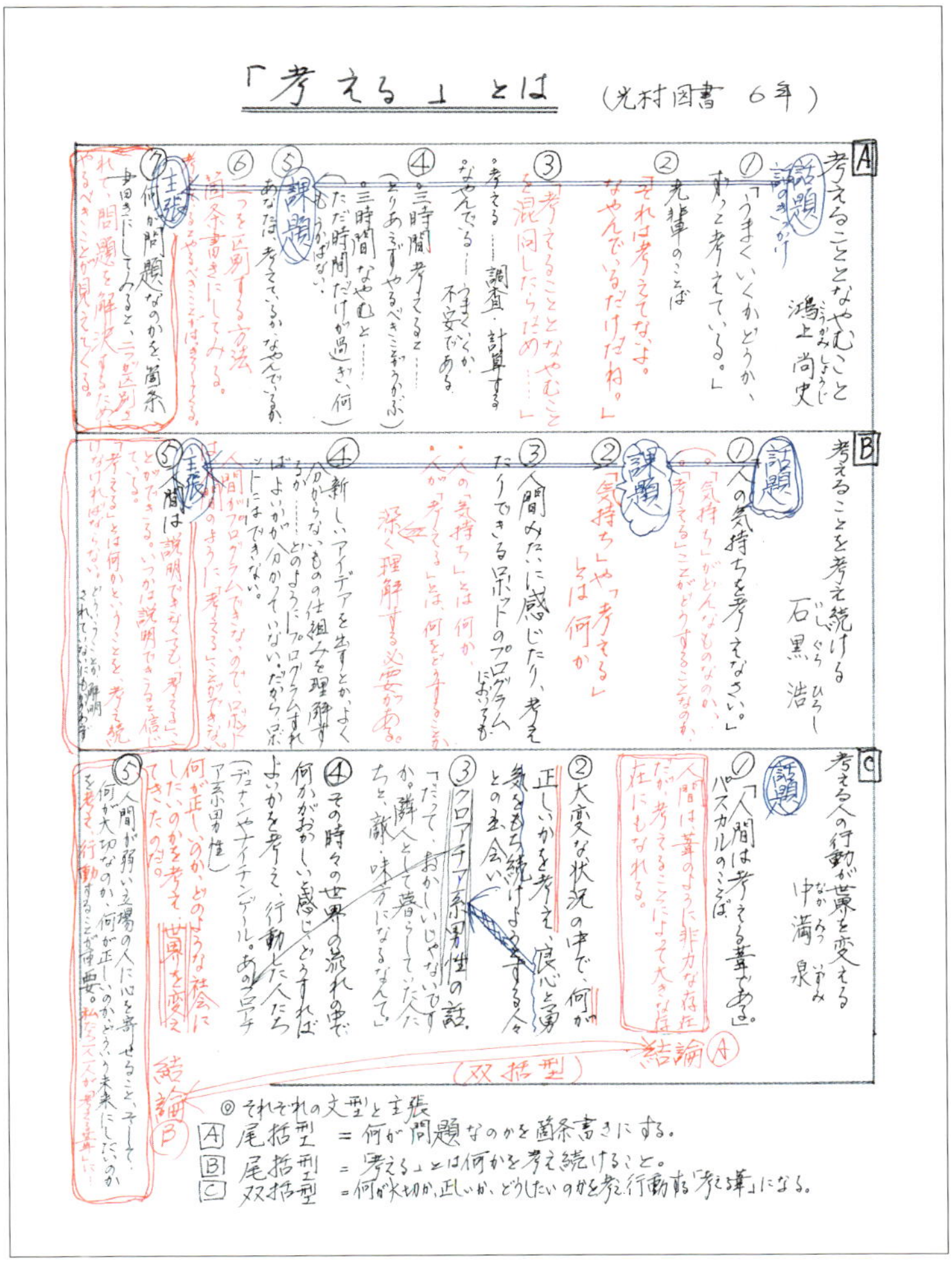

2 問いの解決

① 教材文それぞれの「文章構造図」を作成する

文章構造図とは何か、どうやって作成するかを説明した上で、教材文それぞれの文章構造図をまとめます。

② 文章構造図を作成する中で、「課題」を明らかにする

尾括型である教材文Aと教材文Bについては、示されている「課題」に対する解決方法が「筆者の主張」になっています。

③ 双括型では、〈はじめ〉と〈おわり〉で繰り返されている内容をとらえる

双括型である教材文Cでは、〈はじめ〉と〈おわり〉で、結論が繰り返されています。その結論が筆者が伝えたいことの骨子となります。ただし、〈おわり〉では、〈はじめ〉の結論が単に繰り返されているだけでなく、付け加えられている部分があります。そこに筆者の主張が色濃くあらわれます。

<話題・課題>

課題 人間は他の生物と何がちがうのか

福岡伸一 文
越井隆 絵
（光村図書六年）

① 話題‥‥ツチハンミョウの不思議な生活

② 一ぴきのメス‥‥数千個もの卵を産む。

③ この段階までで、
ツチハンミョウの幼虫の大半は、死ぬ。
なんとか花にたどり着いたツチハンミョウの幼虫は、別のハチがやって来るのを待つ。
幼虫‥‥コハナバチを探す
コハナバチの手足や胴体にしがみつく。
幼虫とともにコハナバチは花のある場所へ行く。
ヒメハナバチの体にしがみつき、巣に運ばれる。
←集めた花粉で団子を作り、団子に卵を産み付けて、立ち去る。
ツチハンミョウはこれで育つ！

最初に数千個あった卵のうち、ここまでたどり着ける個体は、ほんの一ぴきか二ひき。
大半の個体がぎせいになっても、そのうちのどれかが、ツチハンミョウという種をつないでくれさえすればよい。

ツチハンミョウは、何万年も前から生き延びてきた！

④ つまり、個体の命よりも、種を保存することのほうが重要。
これは、他の生物でも同じ！

＜まとめ～主張～要旨＞

⑤私たち人間はどうでしょうか。……他のいかなる生物とも ちがう特性がある。

種の保存よりも個体の命を最重要に考えていることである……

自分の命が大切であるのと同時に、他の人の命も大切にする。だれもが平等！

●生まれてきた一人一人の命に、最も尊い価値を置いている。

私たちが生まれながらにしてもっている権利で人間はみな平等であり、自由であることを認識し合ったもの。……基本的人権

⑥なぜ、人間だけが、このような考え方に達することができたのか？

それは、進化の過程で言葉という発明をすることができた。

人間は、種の保存よりも大切なことがないかを言葉を使って考えて、一人一人の命を大切にしたほうが幸せになるということに気づき、言葉で共有してきた！

⑦言葉があるからといって、何もかも人間の思いどおりにできるわけではない。

自然現象に対してけんきょであることも大切

⑧人間と他の生物とのちがいの根源には、言葉がある。

言葉の力をみがかなければならない学びを通して、けんきょさをもって、言葉で世界を解き明かす。

種の保存が生きるうえで、何よりも大切なのである。

人間は他の生物と何がちがうのか（光村図書6年）

教材の特徴

特徴1　人間と他の生物との比較が明確である

本教材のおよそ半分は、ツチハンミョウについて述べられています。しかし、ツチハンミョウは「人間以外の生物は個体の命よりも種を保存することのほうが重要」の典型的な例としてあげられています。ツチハンミョウと人間とを比較することが筆者の目的ではないことに注意が必要です。

特徴2　人間と他の生物との比較から、人間の特徴が示されている

本教材では人間と他の生物を比較していますが、比較には「対比」と「類比」があり、それぞれ、目的をもって用いられます。

本教材で行われている比較は対比で、人間とほかの生物を比較することで、「種の保存より、個体の命を大切にする」という人間の特徴を強調しています。

特徴3　他の生物と比較したときに見られる人間の特徴をもとに、筆者の主張が示されている

比較によって、他の生物と比較した人間の特徴が強調されているのは、そこに筆者がもっとも伝えたいと考えていること、つまり「筆者の主張」に結びつく事柄があるからです。

本教材は、人間の特徴は「種の保存よりも、個体の命を重要に考えていること」だとし、だからだれもが平等で大切な存在であることを認める「基本的人権」という考え方が生まれたのだとします。そして、それができたのは人間だけが言葉を発明したからだと述べます。これらは、人間と他の生物との違いの説明です。

筆者は⑥段落の最後に「それゆえにこそ、私たちは言葉を大切にしなければならないのです。」と述べます。これは、ここまで述べてきた「人間と他の生物との違いと、その理由」を受けて、筆者が考えたことです。

したがって、「言葉を大切にしなければならない」が、筆者の主張の柱になると考えられます。

単元の構想

1　問いをもつ

①教師が示す「課題」

筆者は、何と何を比べているのでしょうか?

②思考のズレ

・ツチハンミョウと人間
・ツチハンミョウと他の生物
・人間と他の生物

③思考のズレから生まれる子どもたちの問い

筆者は、何かを比べることで、何を言いたかったのだろう?

2　問いの解決

①ツチハンミョウの話を取り上げた目的を考える

ツチハンミョウの育ち方を説明した後で筆者は「なぜ、こんなにめんどうで、不確かで、効率の悪い生存方法を選ぶのか、だれにも分かりません。」と述べ、「実は生物はすべて、個体の命よりも種を保存することのほ

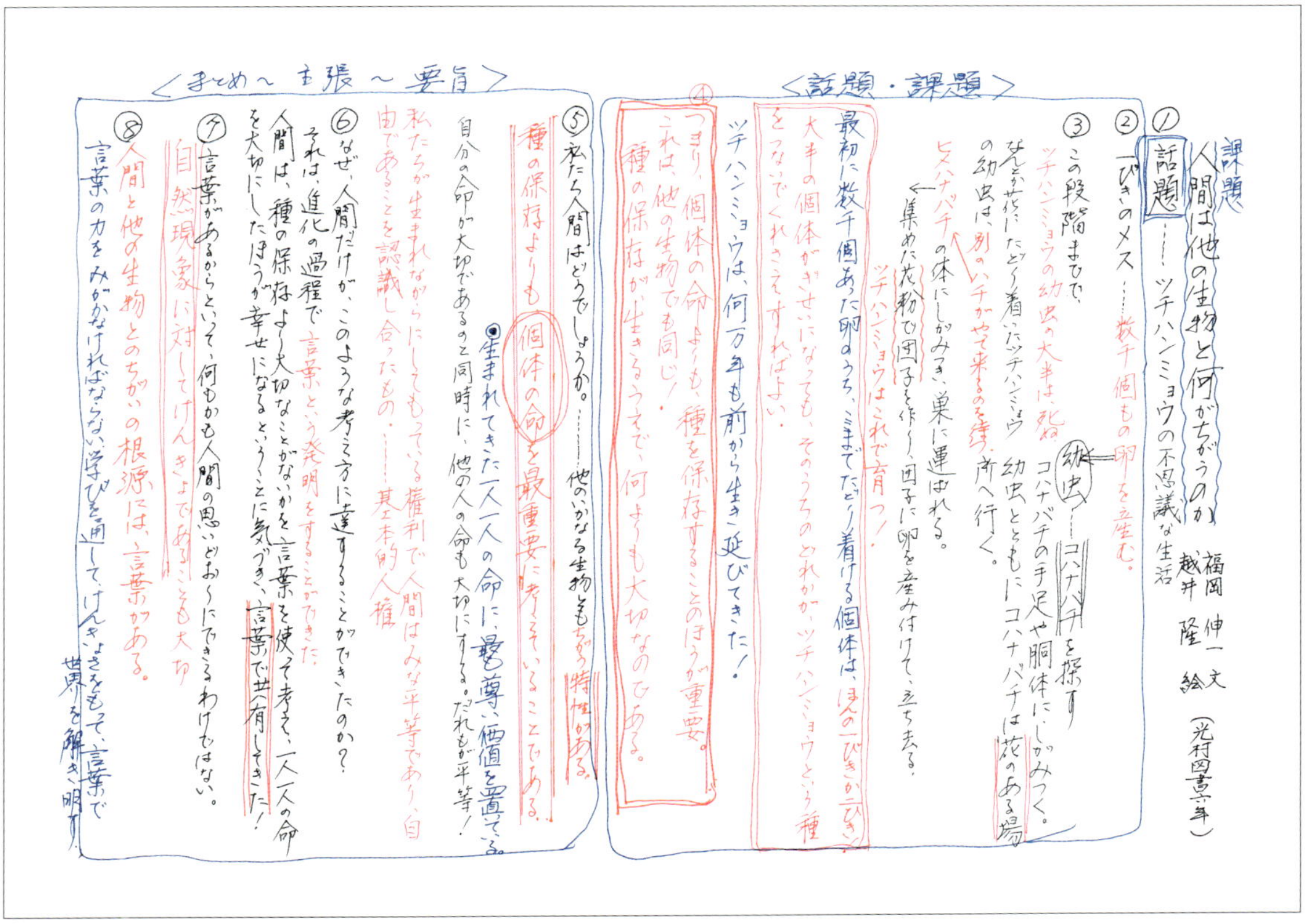

うが重要」とし、その唯一の例外が人間であると述べます。

つまり、人間とはまったく違う育ち方をする生き物を取り上げ、「実は人間以外の生物にとってはそちらのほうが当たり前だ」と説明することで、人間がいかに特殊な生き物であるかが強調されます。

② 人間と他の生物の比較から、なぜ人間だけが「種の保存よりも、個体の命を重要」と考えるようになったのかをとらえる

⑥段落の「では、なぜ、人間だけが、このような考え方に……」という叙述に注目し、「人間だけが言葉というすばらしいものを発明することができた」と筆者は述べていることをとらえます。また、このことから、題名の「人間は他の生物と何がちがうのか」という問いの答えが「人間だけが言葉を発明することができた」であることを押さえます。

③ 筆者の主張をとらえる

ここまで筆者は「人間は言葉を発明することができたので、他の生物と違い、種の保存よりも、個体の命を重要に考えることができるようになった」という事実を述べてきました。これを踏まえて、筆者がどう考えているのかが、筆者の主張につながります。

「私たちは、言葉を大切にしなければならない。言葉の力をみがき、言葉だけであらゆることを制御することはできないというけんきょさをもちつつ、言葉で世界を解き明かしてほしい。」が、筆者の主張となります。

どうぶつ園のかんばんとガイドブック（東京書籍二年）

どうぶつ園のアフリカゾウのかんばんとガイドブックのせつ明を読みくらべる。

	すんでいる場しょ	体の大きさ	の
かんばんの説明	アフリカ ○場所だけのせつ明	◎体の長さは四メートルから六メートル ◎体のおもさは四トンから七トン 長さ、重さだけのせつ明	草や、木のえだやは、くだものなど
ガイドブックのせつ明	アフリカの草原や森林にすんでいます。 ○場所をくわしくせつ明（どんな場所か） ○ていねいなせつ明（文末から）	りくにすんでいるどうぶつの中でも、もっとも大きいどうぶつです。体の長さは四メートルから六メートルあり、体のおもさは四トンから七トンあります。 ○他のどうぶつとくらべて、どのくらい大きいのかをくらべている。 ○ていねいでくわしいせつ明をしている。	たべものは、しょくぶつです。草や木のえだやは、くだものなどをたべます。

たべもの

どんなものをたべるのか、そのしゅるいをかんたんにせつ明している。

一日のうち、おきている時間のほとんどは、たべものをたべているといわれています。

・どんなものをたべているか、わかりやすくせつ明している。
・一日にどのくらいたべるかをせつ明してる。

体のとくちょう

太いあし、大きな耳、長いはなをもっている

もっているものをかんたんにせつめいしてる。

①あしは、大きな体をささえるために、太くなっています。かかとの中には、しぼうでできたクッションがあり、おもい体をささえています。そのクッションがあるため、あし音もほとんどしません。

②耳は、体をひやすために、大きくなっています。体があつくなると、耳をうごかして、体があつくなると、耳をうごかして、体のおんどを下げます。

③はなは、いろいろなことにつかうために、長くなっています。ゾウのはなはきん肉でできているので、じゆうじざいにうごかすことができます。はなで草をあつめてつかんだり、水をすいこんで口に入れたりすることができます。あいさつをしたりあそんだりするときにも、はなをつかいます。

・あし、耳、はなについて段落に分けて、細かいところまでせつ明している。
・あし、耳、はなのつくりやはたらき、役割まで知ることができる。

◈よさ
・必要な情報を早く、知ることができる。
・かんたんに情報を得ることができる。
◈欠点
◎説明不足。
◎説明のし方にていねいさがない。

◈よさ
・知りたいことを詳しく知ることができる。
・ていねいでやさしさを感じることができる。
◈欠点
◎くわしすぎて不用な情報もある。

どうぶつ園のかんばんとガイドブック（東京書籍2年上）

教材の特徴

特徴1　一つの事例について、共通する複数の項目で説明しており、読みの観点が明確である

本教材は、アフリカゾウという一つの事例について「かんばん」と「ガイドブック」が、それぞれどのように説明しているのかを比較するというものです。

かんばん、ガイドブック共に、「すんでいる場しょ」「体の大きさ」「たべもの」「体のとくちょう」の四項目で説明しています。同じ項目についてどのように説明しているのかを比較しやすいので、それぞれの特徴をとらえやすくなっています。

特徴2　表に整理することによって、「かんばん」と「ガイドブック」を比較することができる

特徴1のように、かんばんとガイドブックの説明項目が共通しているので、比較のために表にすることが容易です。

説明文の読みにおいては、書かれていることを表にまとめると内容を把握・理解しやすくなることがあります。本教材はそのための練習にも向いているといえるでしょう。

表にまとめる際には、縦軸に比較するもの、横軸に比較する項目を置きます。本教材の内容をまとめた表は、教材分析図を参照してください。

特徴3　整理することでそれぞれの長所・短所をとらえやすく、どんなときにどちらを選んだ方がいいのかを判断しやすい

特徴2のように、二つの文章を表にまとめて比較することによって、それぞれの特徴が見えてきます。

例えば「短く説明している」という特徴は、「短い時間で知ることができる」という意味では長所ですが、「詳しいことは書かれていない」と考えれば短所にもなります。このように、ある特徴があるときに、それが長所なのか短所なのかは、目的や状況によって変化します。

したがって、例えば物事を説明する文章や掲示物であれば、できるだけ短時間で必要最小限の情報を得たいのか、多少時間がかかってでも詳しい知識を得たいのかなど、選ぶ基準や目的を明確にして選択する必要があります。

本教材で示された二つの文章はその違いが明確なので、「どんな目的だったらどちらを選ぶか」がはっきりしやすいでしょう。

	かんばんの説明	ガイドブックの説明
特徴	・短くまとめている。 ・必要最小限のことだけ書いてある。	・ていねいに書いてある。 ・内容が詳しい。
長所	・簡単に、短時間で読むことができる。	・詳しく知ることができる。
短所	・詳しく知ることができない。	・読むのに時間がかかる。

単元の構想

1　問いをもつ

①教師が示す「課題」

どうぶつ園の かんばんとガイドブック（東京書籍二年）

どうぶつ園のアフリカゾウのかんばんとガイドブックのせつ明を読みくらべる。

	すんでいる場しょ	体の大きさ	たべもの	体のとくちょう
かんばんの説明	アフリカ （○場所だけのせつ明）	◎体の長さは四メートルから六メートル ◎体のおもさは四トンから七トン （長さ、重さだけのせつ明）	草や、木のえだや は、くだものなど （どんなものをたべるのか そのしゅるいをかんたんにせつ明している。）	太いあし、大きな耳、長いはなをもっている （もっているものをかんたんにせつめいしてる。）
ガイドブックのせつ明	アフリカの草原や森林にすんでいます。 （○場所をくわしくせつ明（どんな場所か） ○ていねいなせつ明（文末から））	りくにすんでいるどうぶつの中でもっとも大きいどうぶつです。体の長さは四メートルから六メートルあり、体のおもさは四トンから七トンあります。 （○他のどうぶつとくらべて、どのくらい大きいのかをくらべている。 ○ていねいでくわしいせつ明をしている。）	たべものは、しょくぶつです。草や木のえだやは、くだものなどをたべます。一日のうち、おきている時間のほとんどは、たべものをたべているといわれています。 （○どんなものをたべているか、わかりやすくせつ明している。 ○一日にどのくらいたべるかをせつ明してる。）	①あしは、大きな体をささえるために、太くなっています。かかとの中には、しぼうでできたクッションがあり、おもい体をささえています。そのクッションがあるため、あし音もほとんどしません。 ②耳は、体をひやすために大きくなっています。体があつくなると、耳をうごかして、体のおんどを下げます。 ③はなは、いろいろなことにつかうために、長くなっています。ゾウのはなはきん肉でできているので、じゆうじざいにうごかすことができます。はなで草をあつめてつかんだり、水をすいこんで口に入れたりすることができます。あいさつをしたりあそんだりするときにも、はなをつかいます。 （○あし、耳、はなについて段落に分けて、細かいところまでせつ明している。 ○あし、耳、はなのつくりや はたらき、役割まで知ることができる。）

（青）◎よさ
・必要な情報を早く知ることができる。
・かんたんに情報を得ることができる。
◎欠点
◎説明不足。
◎説明のし方にていねいさがない。

（赤）◎よさ
・知りたいことを詳しく知ることができる。
・ていねいでやさしさを感じることができる。
◎欠点
◎くわしすぎて不用な情報もある。

「田中さん」にとっては、「かんばん」と「ガイドブック」のどちらがよいでしょうか？

②思考のズレ

・わかりやすく、かんたんに書いてあるから「かんばん」のほうがよい。
・知りたいことがくわしく書いてあるから、ガイドブックのほうがよい。
・どちらでもよい。

③思考のズレから生まれる子どもたちの問い

「田中さん」は、どんなことを知りたいの？

2 問いの解決

①「田中さん」の思いをとらえる

「田中さんの思い」とは、田中さんの目的のことです。

本文中に「田中さんは、もっと知りたいと思い……」とあることから、「田中さん」は、アフリカゾウについて詳しく知りたいと思っていることを確認します。

②かんばんとガイドブックの説明の仕方を比べる

かんばんとガイドブックの説明の仕方の特徴を比べ、表にまとめます。表を見ながら、それぞれの説明が、どんなときに役立つのかを考えます。

③「田中さんの思い」に適しているのはどちらなのか考える

「田中さん」は「もっと詳しく知りたい」と考えています。一方、かんばんとガイドブックを比べたとき、より詳しい説明が載っているのはガイドブックです。

これらのことから、「田中さん」は、ガイドブックを読むのがよいということが分かります。

「給食だより」を読みくらべよう
ー書き手のくふうを読み取るー

（東京書籍三年）

① 話題……「給食だより」

課題ーー「給食だより」を読みくらべよう。

② えいようしの大森先生……「給食だより」

大森先生の目的

○給食の野菜が多くのこってしまうことに気がつきました。

○願い……給食の野菜をしっかりと食べてほしい。

○目的……「給食だより」で野菜のことについて書くことにした。

③ 「たより」に取り上げる内容

1「えいようがあること」 2「夏のつかれをふせぐこと」

3「食品ロスの問題があること」 4「野菜を育てている人のこと」

④ 文章の書き手は、読み手につたわるように、いろいろなくふうをする。

① いちばんつたえたいことは何か。

② どのような内容を取り上げ、どのように組み合わせているか。

③ どのような説明をしているか。

⑤ 文章を読むときは……

⑥ 二つの [illegible]

《比較》 読みくらべ

<table>
<tr><th>段落</th><th>書く内容</th><th>たより①</th><th>たより②</th></tr>
<tr><td rowspan="2">①</td><td>○現状の問題点
○願い</td><td colspan="2">○給食で出した野菜が、毎日のこっている。
○みなさんに、しっかりと野菜を食べてほしい。</td></tr>
<tr><td>○理由</td><td>○野菜には、大切なえいようがある。</td><td>○育てている人たちのあいじょうがこめられている。
○野菜をのこすのは、もったいない。</td></tr>
<tr><td>②</td><td>具体例1

具体例2</td><td>夏の野菜（トマト）
ビタミンがふくまれている。
・体の調子をととのえるのになくてはならないもの。
夏の野菜（キュウリ）
カリウムがふくまれている。
・体の中の水分を調節するはたらきがある。
トマトやキュウリには水分も多くふくまれていて、暑いときに食べるのにちょうどよい野菜</td><td>「わきめかき」
実を大きく育てるためには、わきめをつみとらなければならない。
一つ一つ手作業で行う
とてもたいへんな作業。
おいしく食べてもらうためにあいじょうをこめて行っているのです。</td></tr>
<tr><td>③</td><td>（また）具体例3</td><td>夏のつかれをふせぐためにも、えいようがたくさんふくまれる野菜を食べることが大切</td><td>「食品ロス」
野菜をのこしてしまうと、食品ロスの一部となってしまう。</td></tr>
<tr><td>④</td><td>まとめ。
よびかけ。</td><td>たくさんのえいようがふくまれる野菜を食べて暑いきせつをのりこえましょう。</td><td>育てている人たちのあいじょうが込められた野菜が食品ロスになるのはもったいない。
育ててくれた人がえがおになれるように、しっかりと野菜をたべよう。</td></tr>
<tr><td colspan="2">取り上げる内容との関連</td><td>[1] えいようがあること
[2] 夏のつかれをふせぐこと。</td><td>[3] 食品ロスの問題があること
[4] 野菜を育てている人のこと。</td></tr>
</table>

「給食だより」を読みくらべよう（東京書籍3年上）

教材の特徴

特徴１　「たより①」と「たより②」を比較している

本教材は、「えいようしの大森先生」が「給食だより」を書くことにした経緯と、文章を書くときの工夫について述べた上で、大森先生が書いた「たより①」と「たより②」を比較しています。

冒頭の文章で、文章の書き手（筆者）はいろいろな工夫をしていることが述べられていますので、「たより①」と「たより②」の比較も、それぞれの「工夫」を比較することになります。

このように二つの文章を比較する場合は、それぞれの構成や、それぞれが挙げている具体例、筆者の主張などを表に整理することで、共通点と相違点が比較しやすくなります。

特徴２　それぞれの「たより」は、共に四つの段落で構成されている

「たより①」と「たより②」は共に四つの段落で書かれています。また、それぞれの段落に書かれていることも共通しており、文章全体が同じ構成になっています。

そのため、比較の表も作りやすく、共通点や相違点をとらえやすくなっているといえます。

段落	書かれている内容
①段落	現状の問題点／願い／理由
②段落・③段落	具体例１／具体例２／具体例３
④段落	まとめ／呼びかけ

「たより①」と「たより②」で共通している構成

特徴３　それぞれの「たより」は、伝えたいことが明確である

特徴２で見たように、「たより」は共に、④段落で「まとめ・よびかけ」が述べられています。読者に向かってよびかけているわけですから、ここに述べられていることが、それぞれの「たより」で大森先生が伝えたいことだと分かります。

> 「たより①」のまとめ・よびかけ
> たくさんのえいようがふくまれる野菜を食べて、暑いきせつをのりこえましょう。

> 「たより②」のまとめ・よびかけ
> 育ててくれた人がえがおになれるように、しっかりと野菜を食べよう。

単元の構想

1　問いをもつ

①教師が示す「課題」

大森先生は何のために「給食だより」を書いたのでしょうか。

②思考のズレ

・野菜を食べてもらうため。
・野菜の栄養について知ってもらうため。

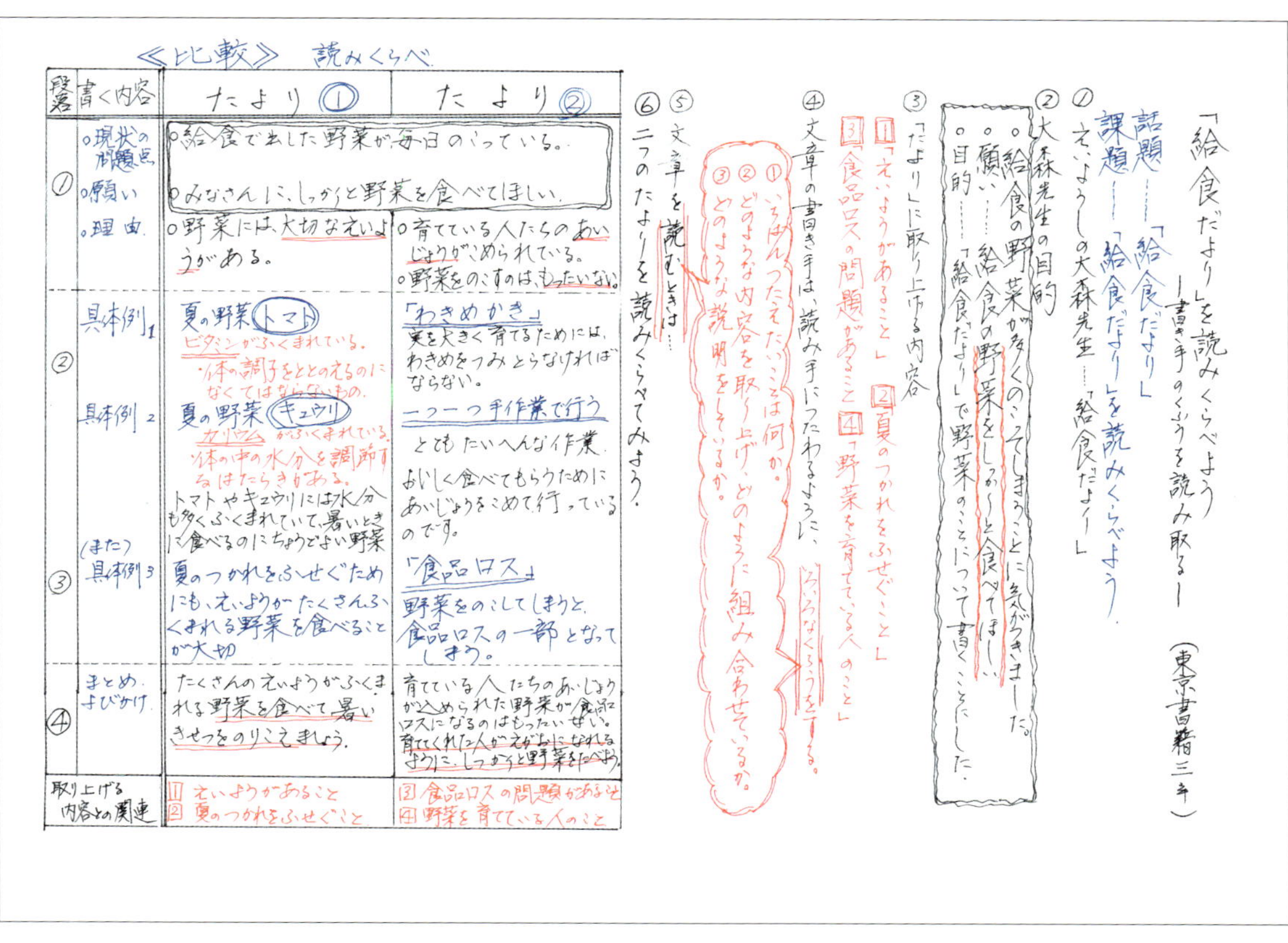

「給食だより」を読みくらべよう
ー書き手のくふうを読み取るー
(東京書籍三年)
① 話題……「給食だより」
課題ー「給食だより」を読みくらべよう
えいようしの大森先生……「給食だより」
② 大森先生の目的
○給食の野菜が多くのこってしまうことに気がつきました。
○願い……給食の野菜をしっかりと食べてほしい。
○目的……「給食だより」で野菜ののこりについて書くことにした。
③ 「たより」に取り上げる内容
①「えいようがあること」②「夏のつかれをふせぐこと」
③「食品ロスの問題があること」④「野菜を育てている人のこと」
④ 文章の書き手は、読み手につたわるように、いろいろなくふうをする。
① いちばんつたえたいことは何か。
② どのような内容を取り上げ、どのように組み合わせているか。
③ どのような説明をしているか。
⑤ 文章を読むときは……
⑥ 二つのたよりを読みくらべてみよう。
《比較》 読みくらべ
段落
書く内容
たより①
たより②
① ○現状の問題点 ○願い ○理由
○給食で出した野菜が毎日のこっている。
○みなさんに、しっかりと野菜を食べてほしい。
○野菜には、大切なえいようがある。
○育てている人たちのあいじょうがこめられている。
○野菜をのこすのは、もったいない。
② 具体例1
夏の野菜 トマト
ビタミンがふくまれている。
・体の調子をととのえるのになくてはならないもの。
「わきめかき」
実を大きく育てるためには、わきめをつみとらなければならない。
具体例2
夏の野菜 キュウリ
カリウムがふくまれている。
・体の中の水分を調節するはたらきがある。
トマトやキュウリには水分も多くふくまれていて、暑いときに食べるのにちょうどよい野菜
一つ一つ手作業で行う
とてもたいへんな作業。
おいしく食べてもらうためにあいじょうをこめて行っているのです。
③ (また)具体例3
夏のつかれをふせぐためにも、えいようがたくさんふくまれる野菜を食べることが大切
「食品ロス」
野菜をのこしてしまうと、食品ロスの一部となってしまう。
④ まとめ・よびかけ
たくさんのえいようがふくまれる野菜を食べて暑いきせつをのりこえましょう。

育てている人たちのあいじょうがこめられた野菜が食品ロスになるのはもったいない。育ててくれた人がえがおになれるように、しっかりと野菜をたべよう。

取り上げる内容との関連
①えいようがあること ②夏のつかれをふせぐこと
③食品ロスの問題があること ④野菜を育てている人のこと

・野菜を育てている人の苦労や食品ロスについて知ってもらうため。

③思考のズレからの「問い」

「たより①」と「たより②」で共通していることって何?

2 問いの解決

①それぞれのたよりの「構成」をとらえる。

それぞれの「たより」は、共に四段落で書かれていることを確認したうえで、それぞれの段落で述べられていることを明らかにする。(特徴2参照)

②それぞれの「たより」で述べられている「願い」と「よびかけ」を明らかにする。

「よびかけ」は特徴3を参照。

「願い」は、「たより①」「たより②」共通で、

> わたしたちは、みなさんに、しっかりと野菜を食べてほしいと思っています。

③「たより①」と「たより②」の共通点と相違点を明らかにする。

・共通点…「願い」

・相違点…「よびかけ」

④2つの「たより」の共通点から、大森先生が「給食だより」を書いた目的と工夫をおさえる。

大森先生は、みんなにもっとしっかりと野菜を食べてもらうために、その理由や、よびかけを工夫して、「たより①」と「たより②」を書いたことが分かります。

せっちゃくざいの今と昔

早川典子 文

（東京書籍三年）

① 話題　物と物をくっつけるはたらきをする　せっちゃくざい

② せっちゃくざいは、身の回りのいろいろなところに使われている。

例1　体そう服のゼッケン……ゼッケンのうらには、ねつでとけるせっちゃくざいが使われている。

教科書……せっちゃくざいで何まいもの紙をくっつけて作られている。

③ 例2　また　飛行機や電車のねじ……たくさん使うとおもくなる

ねじのかわりにせっちゃくざいを使うことで、機体や車両を軽くする。

今　せっちゃくざいの　昔

自然にあるざいりょうを使って

④ さて　今使われているせっちゃくざいの多くは、工場で作られていますが、

昔から、自然にあるざいりょうを使って、せっちゃくざいを作ってきました。

（料理に使うようなざいりょうから）

⑤ その一つが　米から作るのり……米をへらですりつぶし、水をまぜてよく練る。

⑥ もう一つが　にかわ……動物のほねや皮をにて、にたしるをかわかしてかためる。使うときは、使う分のにかわを水に入れ、火にかけてとかして使う。

⑦ このように、昔から、自然にあるものを使ってせっちゃくざいを作ってきた。

ふべんな点＝くさりやすかったり、寒いときにきちんとくっつかなかったり……

⑧ そのため、くさりにくい、寒くてもくっつくせっちゃくざいが工場で作られ、だんだん使われるようになった。

今は ほとんどが工場で作られたものが使われている。

昔 ←今でも昔ながらのせっちゃくざい→

⑨ けれども、自然にあるもののよさを生かして使われるせっちゃくざいもある。

ゼラチンや、トウモロコシやジャガイモから作るのり、じょうざいを作るときに使われる。

体の中の水と温度でゆっくりとけるため、体にとって安全だと考えられている。

⑩ また、古いものをしゅう理するときにも昔からのせっちゃくざいがよく使われる。

使い方もはがす方法も分かっているので、古いものにも安心して使うことができる。

昔の絵などの美術品のしゅう理……米や小麦から作ったのりや、にかわが活やく！

⑪ まとめ

はるか昔から今にいたるまで、さまざまなざいりょうとそのとくちょうを生かしてせっちゃくざいを作り、物をくっつけるのに使ってきた。

←まとめ

主張

新しいざいりょうだからよい、古いざいりょうだからよくないということではなく、それぞれのせっちゃくざいのとくちょうに合った使い方をすることで、くらしをゆたかにしているのです。

課題の設定

④段落

さて、今使われているせっちゃくざいの多くは、工場で作られていますが、わたしたちは昔から、せっちゃくざいを作ってきました。その中には、……

どんなせっちゃくざいを作ってきたのでしょうか。今と昔のせっちゃくざいをくらべてみましょう。

せっちゃくざいの今と昔（東京書籍3年下）

教材の特徴

特徴1　話題・課題が明確でとらえやすい

本教材は、「せっちゃくざいの今と昔」という話題がそのまま題名になっており、話題をとらえやすい説明文となっています。

題名は「せっちゃくざい」ではなく「せっちゃくざいの今と昔」です。②段落、③段落でも「せっちゃくざい」について述べていますが、「今・昔」にはふれず、「せっちゃくざい」についての一般的な事例・具体例となっています。

これらのことから、②段落、③段落は、話題を示すための事例であり、筆者の主張を裏付けるための事例ではないと考えられます。したがって、②段落、③段落は〈はじめ〉に含まれると判断できます。

特徴2　具体例を比較しやすい

特徴1でもふれた通り、本教材では「今のせっちゃくざい」と「昔のせっちゃくざい」について述べています。「今のせっちゃくざいの特徴」「昔のせっちゃくざいの特徴」を読みの観点として読み進めることができます。

特徴3　「まとめ」と「筆者の主張」がはっきりしている

〈おわり〉の⑪段落は二文で構成されています。

一文目は〈なか〉で述べられた事例・具体例の「まとめ」になっています。これに加え二文目で筆者は、「新しいざいりょうだからよい、古いざいりょうだからよくないということではなく」「とくちょうにあった使い方をすることで、くらしをゆたかにしている」と述べています。これは、「まとめ」を受けて筆者自身の考えを示したものであり、「筆者の主張」です。

単元の構想

1　問いをもつ

①教師が示す「課題」

この文章を、二百字くらいで要約してみよう。

②思考のズレ

・どうやって書けばいいか分からない。

※このほか、さまざまな「要約文」が出てくるものと考えられます。

③思考のズレから生まれる子どもたちの問い

「要約文」って何？　どう書けばいいの？

2　問いの解決

①「要約文」とは何かを押さえる

まずは、「要約文とは何か」「要約文はどのように書くのか」を押さえます。

これらについては、子どもたちに「要約文とは何かな？」「要約文はどうやって書けばいいかな？」と考えさせる性質のものではありません。教師がきちんと示す必要があります。

> 要約文とは、文章全体のあらましを、短くまとめたもの。

要約文には、次の三つの書き方があります。いずれの書き方でも「筆者

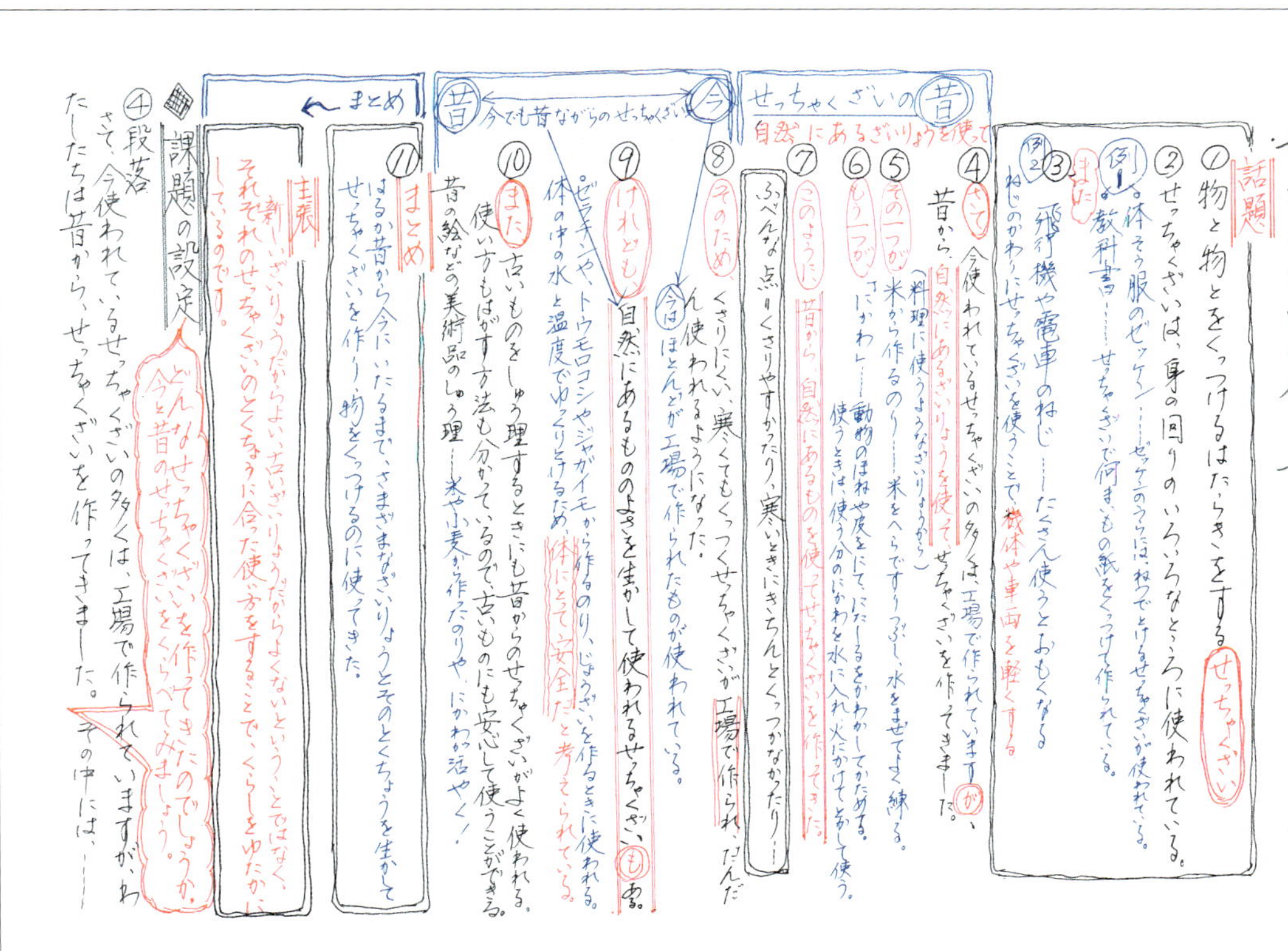

せっちゃくざいの今と昔　早川典子　文（東京書籍三年）

話題
①物と物をくっつけるはたらきをする「せっちゃくざい」
②せっちゃくざいは、身の回りのいろいろなところに使われている。
例1　体そう服のゼッケン……ゼッケンのうらには、ねつでとけるせっちゃくざいが使われている。
例2　教科書……せっちゃくざいで何まいもの紙をくっつけて作られている。
③また　飛行機や電車のねじ……たくさん使うとおもくなる
ねじのかわりにせっちゃくざいを使うことで機体や車両を軽くする

せっちゃくざいの昔　自然にあるざいりょうを使って
④さて　今使われているせっちゃくざいの多くは、工場で作られていますが、昔から、自然にあるざいりょうを使ってせっちゃくざいを作ってきました。（料理に使うようなざいりょうから）
⑤その一つが　米から作るのり……米をへらですりつぶし、水をませてよくねる。
⑥もう一つが　にかわ……動物のほねや皮をにて、だしたるをかわかしてかためる。使うときは使う分のにかわを水に入れ、火にかけてとかして使う。
⑦このように　昔から自然にあるものを使ってせっちゃくざいを作ってきた。
⑧そのため　ふべんな点も　くさりやすかったり、寒いときにきちんとくっつかなかったり……
くさりにくい、寒くてもくっつくせっちゃくざいが工場で作られ、だんだん使われるようになった。
今はほとんどが工場で作られたものが使われている。

昔　今でも昔ながらのせっちゃくざい　今
⑨けれども　自然にあるもののよさを生かして使われるせっちゃくざいもある。
ゼラチンや、トウモロコシやジャガイモから作るのり、じょうざいを作るときに使われる。体の中の水と温度でゆっくりとけるため体にとって安全だと考えられている。
⑩また　古いものをしゅう理するときにも昔からのせっちゃくざいがよく使われる。
使い方もはがす方法も分かっているので、古いものにも安心して使うことができる。
昔の絵などの美術品のしゅう理……米や小麦から作ったのりや、にかわが活やく！

まとめ
⑪まとめ　はるか昔から今にいたるまで、さまざまなざいりょうとそのとくちょうを生かしてせっちゃくざいを作り、物をくっつけるのに使ってきた。
主張　新しいざいりょうだからよい、古いざいりょうだからよくないということではなく、それぞれのせっちゃくざいのとくちょうに合った使い方をすることで、くらしをゆたかにしているのです。

課題の設定
どんなせっちゃくざいを作ってきたのでしょうか。今と昔のせっちゃくざいをくらべてみましょう。
④段落
さて、今使われているせっちゃくざいの多くは、工場で作られていますが、わたしたちは昔から、せっちゃくざいを作ってきました。その中には、……

は」という書き出しにするとまとめやすいでしょう。

【各段落の要点をつなげる】①それぞれの段落に書かれた内容を読み取り、「要点」をまとめる。②それぞれの段落がどのようにつながっているのかを整理する。③文章全体の構成をとらえ、どんな問いがどんな内容で解決し、どんな主張が述べられているのかをとらえる。④必要な「要点」をつなげて短くまとめる。

【要旨（または主張）を述べてから説明する】①「問いと答え」「要旨（または主張）」をとらえる。②具体と抽象で述べられた文章の中から、具体の部分を除き、抽象の部分を使って短くまとめる。

【一文で書く】①説明文の特徴として最終段落に要旨（または筆者の主張）があるという原理・原則を活用し、「～（主張内容・まとめ）することが大切である」の部分について考える。②「～（事例・具体例）によって」の部分に何を入れるのかを考えていく。（具体例と筆者の主張の関係は最も大切にする。）

②要約文を書く

筆者は、「せっちゃくざいの今と昔」をれいをあげてくらべ、それぞれのせっちゃくざいのよいところと弱いところを説明しました。そして、あたらしいざいりょうでも、古いざいりょうでも、それぞれのせっちゃくざいのとくちょうに合った使い方をすることが大切だという考えをいっています。さらに、そのような使い方をすることで、くらしをゆたかにしていると書いています。（174文字）（例）

※教科書では、「きょうみを持ったことについて、つたえたいことの中心が分かるように要約して、しょうかいしましょう。」という課題が示されています。しかし、「要約」とは本来、「文章全体」に対して行うことであるため、本稿では「文章全体を短くまとめること」として扱っています。

はじめ　話題・課題｜中1　現状｜中2　かんさつから｜…えた理由

カミツキガメは悪者か

松沢陽士文・写真（東京書籍三年）

① 人の活動によってもともといない場所に入ってきた生き物「外来種」カミツキガメ

話題

人の生活にえいきょうをあたえたり、そのかのうせいが高いと考えられている生き物がいる。

課題
カミツキガメ→本当にこわいのか？・なぜもともといないカミツキガメがすみつき、ふえたのか？

②

③ 現状　千葉県の佐倉市の印旛沼

④ ー田んぼの中にふしぎなもようーカメの足あと（近くの池にいるかも…）

⑤ 水面に顔。首は太くて長く、こうらがとても大きい。よく見るカメとはまるでちがう。

⑥ 日本にはもともといないカミツキガメ

イメージ
気があらく、すぐにかみつく。体が大きく、あごの力も強いため、とてもきけん。

⑦ かんさつ

問い
どんな生き物？・どのようにくらしているんだろう？

⑧ 夜行せいであると知られている

が
昼の池や田んぼによくあらわれる。いつも水面からほんの少し顔を出している。人の気配がすると、すぐににげてしまう。かみつこうと、向かってくることや岸に上がって太陽の光をあびることもない。

見つからないように、しずかに水中にひそんでいる。

⑨ カミツキガメは、けいかい心が強く、人とはかかわらないようにくらしているおくびょうなカメ

⑩ たまごをうんでいるカミツキガメとたまごからかえった子ガメたちから…！

⑪ カミツキガメは一生けん命に生きて、子そんをのこそうとしているけれど、日本の

自然の中にいてはいけない生き物。

中3 カミツキガメのひがいとふえ

終わり まとめ〜主張

⑫ なぜなら

・もともとそこにいた生き物が、食べられたり、えさやすみかのうばい合いに負けたりして、いなくなってしまうかもしれない。

・カミツキガメがふえることで、こまる人がいる。

⑬ 印旛沼やそのまわりでどのようなことが起こっているか？

・田んぼのどろの中でひそんでいるカミツキガメをふんでしまうことがある。ふまれておどろいたカミツキガメに足をかまれたら、大けがをするかも。

⑭ 魚をとるあみにかかったカミツキガメが、あみをやぶってにげていく。

⑮ カミツキガメのひがいをへらすために、つかまえてへらそうとしている。

⑯ カミツキガメがふえたのは？

外国からペットにするためにつれてきたカミツキガメを人が放してしまった。

大きくなったカミツキガメをおそう生き物がいない。

⑰ まとめ

かっている生き物を、自然の中に放せば、その生き物が幸せになれるか？

そこにいなかった生き物が自然の中でふえ、もともといた生き物や人の生活にえいきょうが出るようなことになれば、その生き物は、自然の中から取りのぞかなければならなくなる。

⑱ そんなカミツキガメは幸せではない。

⑲ 主張

わたしたち一人一人が、生き物をかうときのせきにんとルールについて考えなければならない。

カミツキガメは悪者か（東京書籍3年下）

教材の特徴

特徴1 題名が問いの形になっていて、読みの方向が分かりやすい

本教材の題名は「カミツキガメは悪者か」という問いの形になっています。したがって、「カミツキガメは悪者なのか、悪者ではないのか」という「問い」をもって、読み進めることができます。また「どうして筆者は『カミツキガメは悪者か』という問いを投げかけたのだろうか」という観点をもって読めば、「筆者の主張」をとらえることにつながります。

特徴2 基本三部構成がはっきりしている

本教材は「話題・課題の部分」「事例・具体例の部分」「まとめ・筆者の主張の部分」がはっきりしており、基本三部構成が容易につかめます。また、本文中に1行空きになっている箇所が五か所あり、それも手がかりになります。

〈なか〉の「事例・具体例の部分」は、カミツキガメについての具体的な説明ですが、その内容から〈なか1〉~〈なか3〉の三つの部分に分けられます。

特徴3 「筆者の主張」がとらえやすい

〈おわり〉で筆者は、「カミツキガメのような悲しい生き物をふやさないためには、どうすればよいのか。」と、小さな問いを改めて投げかけます。ただしこの問いは読者に投げかける問いというよりも、その後に続く「わたしたち一人一人が、生き物をかうときのせきにんとルールについて考えなければなりません。」ということを強調するための問いといえます。また、この部分は「カミツキガメは悪者か」という課題から離れて、ペットとしてかっている生き物全般について述べています。つまり筆者は、ペットとして飼う生き物全般について、飼うときの責任とルールの大切さについて「カミツキガメ」を具体例として述べてきたことが分かります。

これらのことから、本教材で筆者がもっとも伝えたかったこと、つまり筆者の主張は「わたしたち一人一人が、生き物をかうときのせきにんとルールについて考えなければなりません。」だといえます。

単元の構想

1 問いをもつ

① 教師が示す「課題」

「カミツキガメは悪者」でしょうか?

② 思考のズレ

・外来種だから悪者。
・日本の自然の中にいてはいけない生き物だから悪者。
・本当はおくびょうなので、悪者ではない。

③ 思考のズレから生まれる子どもたちの問い

カミツキガメは、本当はどんな生き物なの?

2 問いの解決

① 基本三部構成を明らかにする

② 話題と課題を明らかにする

〈はじめ〉の①段落、②段落から、話題と課題をとらえます。

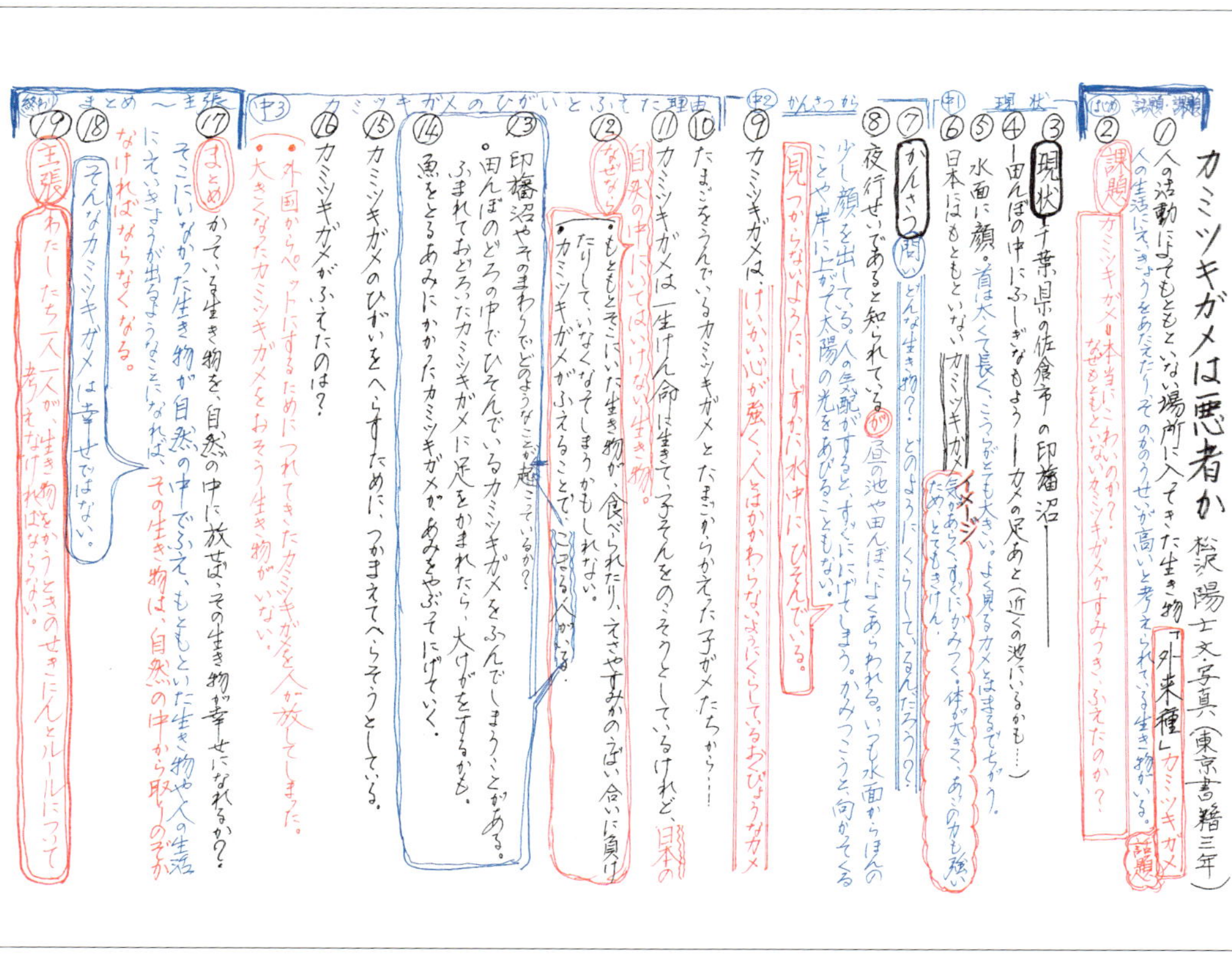

・話題…外来種のカミツキガメ
・課題…問い1「なぜカミツキガメがすみついたのか？」
　　　　問い2「なぜカミツキガメがふえたのか？」

③〈なか2〉からカミツキガメの様子をとらえる

・⑧段落…見つからないように、しずかに水中にひそんでいる。
・⑨段落…けいかい心が強く、人とはかかわらないようにくらしているおくびょうなカメ。

④〈なか3〉からカミツキガメがいることの影響と、〈はじめ〉の課題に対する答えをとらえる

・影響…もともとそこにいた生き物が、食べられたり、えさやすみかのうばい合いに負けたりして、いなくなってしまうかもしれません。カミツキガメがふえることで困る人がいます。→日本の自然の中にいてはいけない生き物。
・問い1に対する答え…外国からペットにするためにつれてきたカミツキガメを人が放してしまったのです。
・問い2に対する答え…大きくなったカミツキガメをおそう生き物がいません。

⑤子どもたちの問いに対する答えをまとめ、筆者の主張をとらえる

②、③の読みで、カミツキガメは悪者ではないが、日本の自然の中にいてはいけない生き物であり、日本にすみついたのは、人がつれてきて放してしまったからだと分かります。その意味で「カミツキガメは幸せな生き物ではない」と筆者が述べていることをとらえます。

その上で、なぜ筆者ははじめから「カミツキガメは悪者ではない」と言わず、「カミツキガメは悪者か」と問いかけたのかを考えます。そこから、カミツキガメは一つの例であり、筆者が主張したかったことは、生き物をかうときのせきにんとルールについてであることをとらえます。

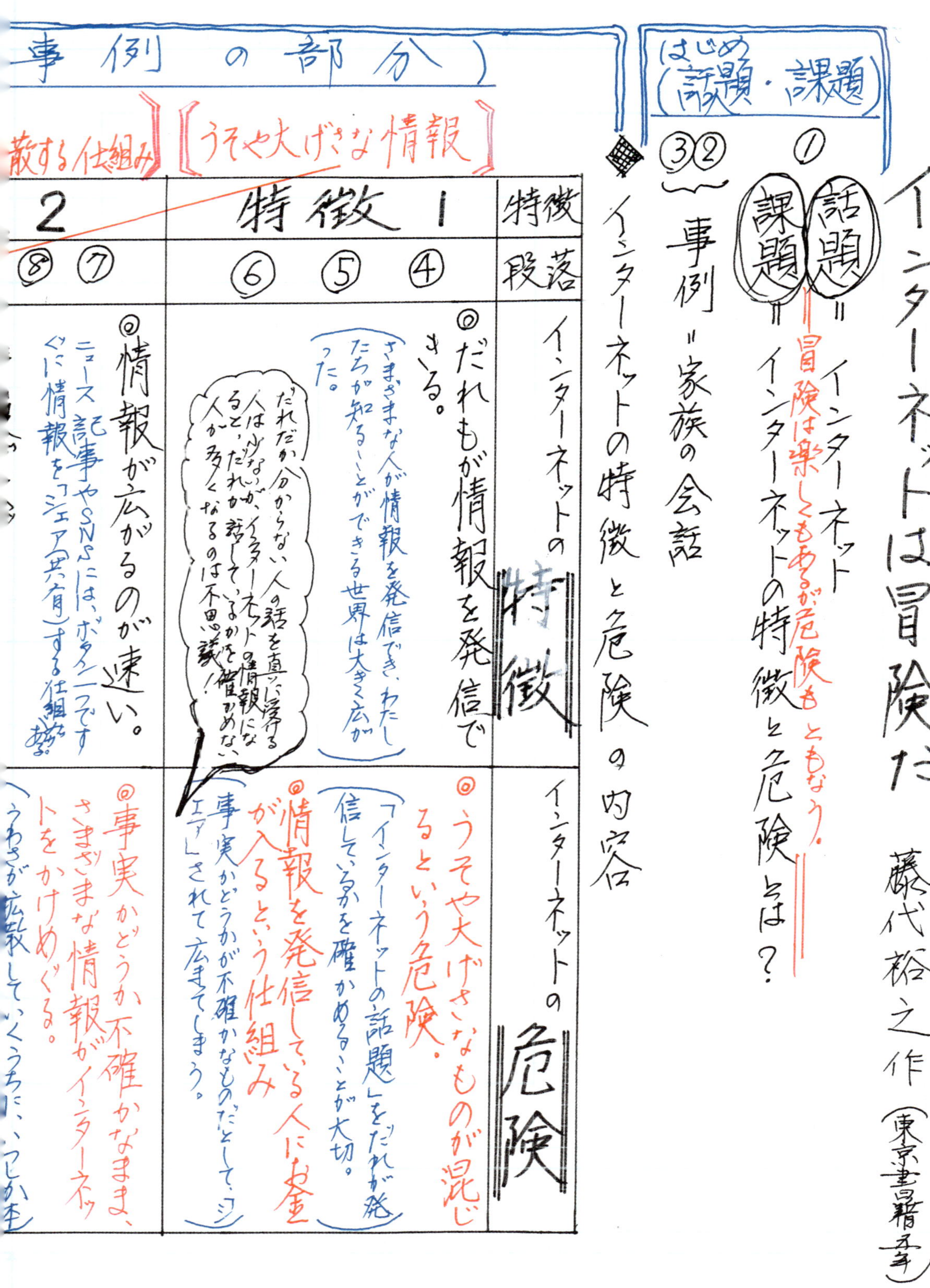

インターネットは冒険だ
藤代裕之作（東京書籍五年）
はじめ（話題・課題）
①
話題＝インターネット
冒険は楽しくもあるが危険もともなう。
課題＝インターネットの特徴と危険とは？
②③
事例＝家族の会話
事例の部分
インターネットの特徴と危険の内容
特徴 | 段落 | インターネットの特徴 | インターネットの危険
特徴1 | ④⑤⑥ | ◎だれもが情報を発信できる。 | ◎うそや大げさなものが混じるという危険。
（さまざまな人が情報を発信でき、わたしたちが知ることができる世界は大きく広がった。）
（「インターネットの話題」をだれが発信しているかを確かめることが大切。）
だれだか分からない人の話を直ぐに信用する人は少ないが、インターネットの情報になると、だれかが話して、それを確かめない人が多くなるのは不思議！
特徴2 | ⑦⑧ | ◎情報が広がるのが速い。 | ◎情報を発信している人にお金が入るという仕組み
ニュース記事やSNSには、ボタン一つですぐに情報を「シェア（共有）」する仕組みがあります
（事実かどうかが不確かなものだとして、「シェア」されて広まってしまう。）
◎事実かどうか不確かなまま、さまざまな情報がインターネットをかけめぐる。
（うわさが広がるして、いくうちに、いつしか本
うそや大げさな情報
散する仕組み

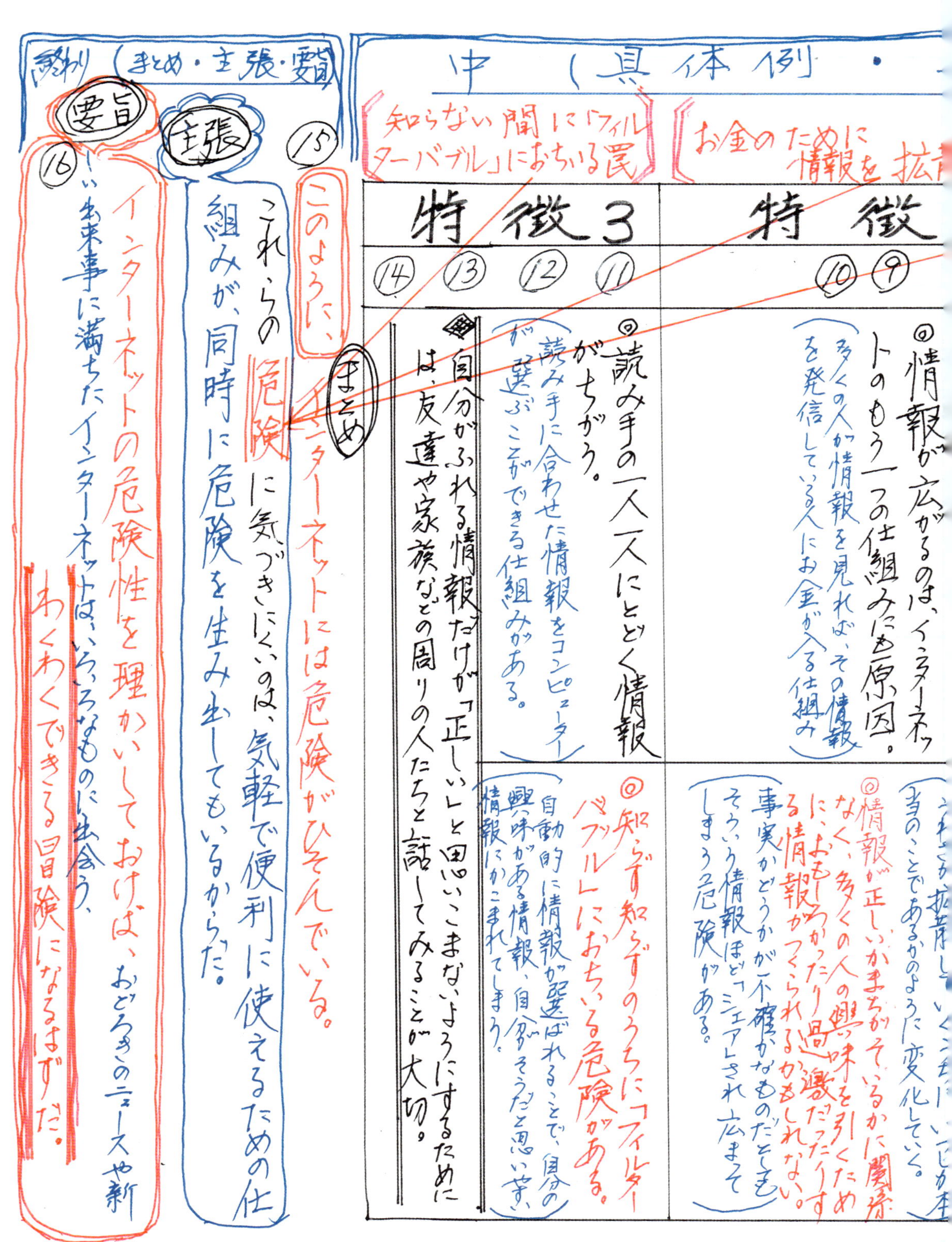
中（具体例・
「お金のために情報を拡
「知らない間に「フィルターバブル」におちいる罠」
特徴
⑩ ⑨
◎情報が広がるのは、インターネットのもう一つの仕組みにも原因。
（多くの人が情報を見れば、その情報を発信している人にお金が入る仕組み）
本当のことであるかのように変化していく。
◎情報が正しいかまちがっているかに関係なく、多くの人の興味を引くために、おもしろかったり過激だったりする情報がつくられるかもしれない。
（事実かどうかが不確かなものだとしても、そういう情報ほど「シェア」され広まってしまう危険がある。）

特徴3
⑭ ⑬ ⑫ ⑪
◎読み手の一人一人にとどく情報がちがう。
（読み手に合わせた情報をコンピューターが選ぶことができる仕組みがある。）
◎知らず知らずのうちに「フィルターバブル」におちいる危険がある。
（自動的に情報が選ばれることで、自分の興味がある情報、自分がそうだと思いやすい情報にかこまれてしまう。）
自分がふれる情報だけが「正しい」と思いこまないようにするためには、友達や家族などの周りの人たちと話してみることが大切。
終わり（まとめ・主張・要旨）
まとめ
⑮ このように、インターネットには危険がひそんでいる。
これらの危険に気づきにくいのは、気軽で便利に使えるための仕組みが、同時に危険を生み出してもいるからだ。
主張
要旨
⑯ インターネットの危険性を理かいしておけば、おどろきのニュースや新しい出来事に満ちたインターネットは、いろいろなものに出会う、わくわくできる冒険になるはずだ。

インターネットは冒険だ（東京書籍５年）

教材の特徴

特徴１　基本三部構成が明確である

本教材は、本文の途中に三か所、近くの川で人がおぼれたことと、その人を救助した人物に関する小さなストーリーがはさみこまれています（書体が本文とは異なる部分）。このストーリー部分を除くと、基本三部構成は次のようになっています。

〈はじめ〉①段落
　（ストーリー…②段落、③段落）
〈なか〉　④段落～⑭段落（途中にストーリー…⑦段落、⑪段落）
〈おわり〉⑮段落、⑯段落

ストーリー部分だけを見てみると、②段落、③段落はストーリーの「設定」に当たる内容が述べられています。説明文の〈はじめ〉は話題・課題の提示であり、②段落、③段落は話題・課題の提示を分かりやすくするための具体例と考えることができるので、〈はじめ〉の一部となります。（最終的な基本三部構成は教材分析図を参照してください。）

特徴２　課題としてあげられているインターネットの「特徴」と「危険」が明確である

本教材は〈なか〉の部分で、次のように、インターネットの「特徴」を三つあげています。

・特徴１…だれもが情報を発信できる。
・特徴２…情報が広がるのが速い。
・特徴３…読み手の一人一人にとどく情報が違う。

これらの「特徴」のそれぞれに対して、どんな危険があるのかを述べているため、インターネットの「特徴」と、その「特徴」によって引き起こされる「危険」との関係をとらえやすくなっています。

特徴３　表に整理することで内容を比較してとらえることができる

本教材のように複数の事例・具体例があげられている説明文の場合、それぞれの事例・具体例どうしの関係や違いをとらえることも必要です。

本教材の場合は、特徴２でもふれたように、「インターネットの特徴」と「危険」が整理して述べられているため、それらを表にまとめることによって容易に比較することができます。

単元の構想

1　問いをもつ

①教師が示す「課題」

インターネットの冒険を成功させるためには、どんなじゅんびが必要なのかな?

②思考のズレ

・インターネットの特徴と危険を知ること。
・事実かどうかを考えること。
・「情報」とはどんなことなのかをとらえること。

③思考のズレから生まれる子どもたちの問い

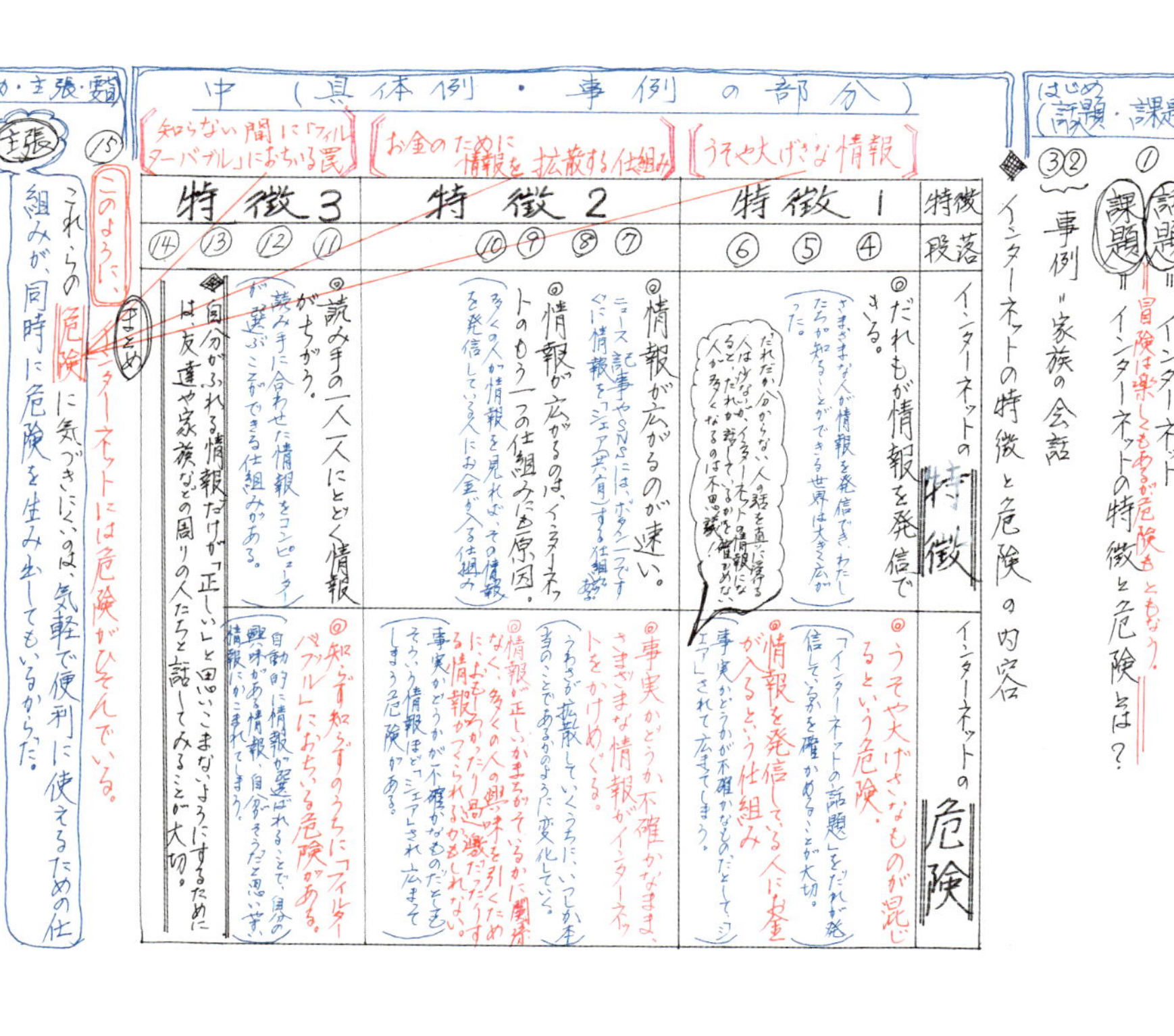

危険を回避して楽しい冒険をするための「じゅんび」ってどんなこと？

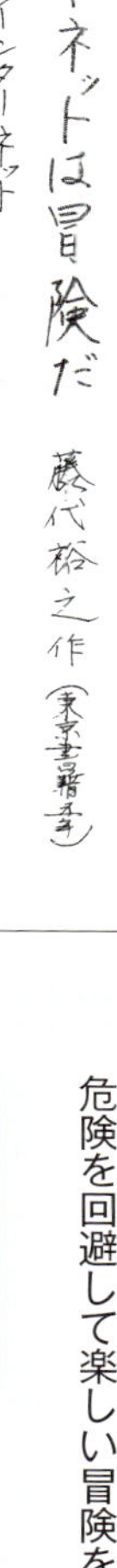

2 問いの解決

① 基本三部構成をとらえる

〈なか〉に書かれている事例・具体例を整理するために、まずは基本三部構成をとらえます。

② 〈なか〉であげられている「インターネットの特徴」と「危険」を表にまとめる

「じゅんび」は、危険を避けるために行うものです。そこで、どんな「危険」があげられているのかを明らかにする必要があります。

本教材では、インターネットの「特徴」を三つあげ、それぞれの「特徴」ごとに「危険」をあげているので、「インターネットの特徴」と「インターネットの危険」を表に整理します。

この作業を行う過程で、「インターネットの特徴」「インターネットの危険」という読みの観点もできます。

③ 「危険」ごとに必要な「じゅんび」をとらえる

本教材では、「特徴」ごとの「危険」を示した後に、「そうならないために、どうするのか」という「じゅんび」を示しています。

特徴1では「だれが発信しているかを確かめることが大切」、特徴3では「友達や家族など周りの人たちと話してみることが大切」と、「じゅんび」に当たる内容が具体的に書かれていますが、特徴2では、はっきりとは書かれていません。しかし、特徴2に対する「じゅんび」が不要というわけではありません。特徴2でも「危険」があるので、その危険に陥らないようにすることを、本文から読み取り、まとめるようにします。

「永遠のごみ」プラスチック

保坂直紀 文（東京書籍 一六年）

（はじめ）話題・課題

①【話題】身の回りにあるたくさんのプラスチック製品
安くてじょうぶ、衛生的なプラスチックは、私たちの生活に欠かせないもの。

②【ところが】これがごみになると、とても困った問題を引き起こす。

③【課題】プラスチックごみは、地球の環境や生き物たちに悪いえいきょうをおよぼしている。
地球にすむ私たち一人一人が、この問題について知り、実際に行動する必要

例・事例

④【中1】【最初に】生き物にあたえるえいきょう

⑤ 世界の海でふえ続けているプラスチックごみ

ゴミの種類
○漁をするときに使うあみ…プラスチックの糸でできている。
ウミガメやアシカなどの体に巻きついてしまう。

⑥ ○海中のレジぶくろ…クラゲに似ている。↓ウミガメが食べてしまう。

⑦ もう一つの大きな問題＝「マイクロプラスチック」

⑧ 小魚↓大きな魚↓さらに大きな魚やクジラ⇓海の生き物全体の体に取りこまれる。
大きさが一ミリメートルぐらい
プランクトンとよく似ている

⑨ プラスチックの中には、
○生き物の体に悪いえいきょうをあたえる可能性がある成分
○海水にふくまれる汚染物質が表面に付着してしまう。

⑩ 陸で暮らす私たちも、マイクロプラスチックからのがれることはできない。

【次に】「困ったごみ」になるのか

⑫ 生ごみなどは、土にうめておくと、食べてくれる微生物が自然界にいるので、やがてなくなってしまう。

⑬【ところが】プラスチックは、そうはいきません。
プラスチックは、石油などを原料に人間が作りだしたもので、自然の

（終わり）まとめ・主張

（中）具体

中3 最後に

⑭ プラスチックごみの問題を解決するために私たちにできること。

中2

⑪ なぜこんな「

ものではない。どんなに小さくなったとしても、分解されてなくならない。
きちんと回収されず、ぽい捨てされるプラスチックごみは、だれかが拾って捨てない限り、いつまでも環境をよごし続けることになる。

⑮ プラスチックのごみの量を減らし、環境の悪化を防ぐために……国の取り組み

「容器包装リサイクル法」「プラスチック資源循環促進法」「レジぶくろの有料化」……法律で規制されている。

⑯ わたしたちの取り組み

（回収しそれを原料として新しいプラスチック製品にする。）

―原料となる石油などをむだに使わずにすむ利点もある。―

⑰ プラスチックごみを他のごみと分けて捨てることが大切。

⑱ もう一つ大切なのは……

捨てるプラスチック量そのものを減らすこと。

◎不必要なプラスチック製品は買わない。◎すぐ捨てずに、くり返し使う。

◎プラスチック製品を多く捨てずにすむかを、生活を見回して考える。

⑲ 二十世紀の中ごろから、世界中で広く使われるようになった。

まとめ

プラスチックは私たちの生活を支えている。プラスチックを全く使わない生活は、これからもできない。

⑳ 使い終わったプラスチックは、野や海に出てしまうと、消えることのない「永遠のごみ」

これまでプラスチックを作って便利に使うことを考えてきた。これからは、

主張

地球の環境をよごさないプラスチックの使い方や捨て方を考え、行動する。

「永遠のごみ」プラスチック（東京書籍6年）

教材の特徴

特徴1　基本三部構成が明確である

本教材は基本三部構成もとらえやすいものとなっています。

特に〈なか〉の部分は、「最初に」（④段落）、「次に」（⑪段落）、「最後に」（⑭段落）と、話題の区切りが明確になる接続語が使われており、〈なか1〉～〈なか3〉が分かりやすくなっています。

特徴2　事例として「プラスチックごみ」の問題点が三つあげられており、分かりやすい

特徴1でもふれたように、事例・具体例の部分である〈なか〉は、〈なか1〉～〈なか3〉の三つの部分に分けることができます。そのうち、〈なか1〉と〈なか2〉でプラスチックごみの問題点をあげ、〈なか3〉で、それらの問題を解決するために私たちにできることが示されています。

いずれのまとまりも、最初の段落で「これから何について述べるのか」が明示されているため、とても分かりやすいものとなっています。

特徴3　まとめと主張が明確である

本教材では〈はじめ〉で、「プラスチックごみの悪いえいきょうを防ぐには、一人一人がこの問題について知り、行動する必要がある」と、この文章の結論を述べています。このことは〈おわり〉でも繰り返されているので、双括型の文章であることが分かります。

〈おわり〉では、「プラスチックごみは野や海に出てしまうと、消えることのない『永遠のごみ』になってしまうので、プラスチックの使い方や捨て方を考え、行動に移しましょう」と、〈はじめ〉と〈なか〉で述べてきたことをまとめています。これが、〈はじめ〉で示されている結論の繰り返しでもあります。その後で、「プラスチックごみでよごれきった地球を、これから生まれてくるみなさんの子供や孫の世代に残すことがないように。」と、未来の人類のためにもプラスチックごみの対策を進めなければならないという考えを述べています。これが、〈はじめ〉に示された結論に付け加えられたことであり、結論と合わせて筆者の主張となります。

単元の構想

1　問いをもつ

①教師が示す「課題」

筆者の主張を踏まえて、二百字くらいで要約しよう。

②思考のズレ

・何を書けばいいのか分からない。
・③段落の問題・課題について書く。
・⑳段落を中心に書く。

③思考のズレから生まれる子どもたちの問い

筆者は、プラスチック製品やそのごみについて、どう考えているの？

2　問いの解決

①基本三文型をとらえる

②〈はじめ〉に示された話題・課題をとらえる

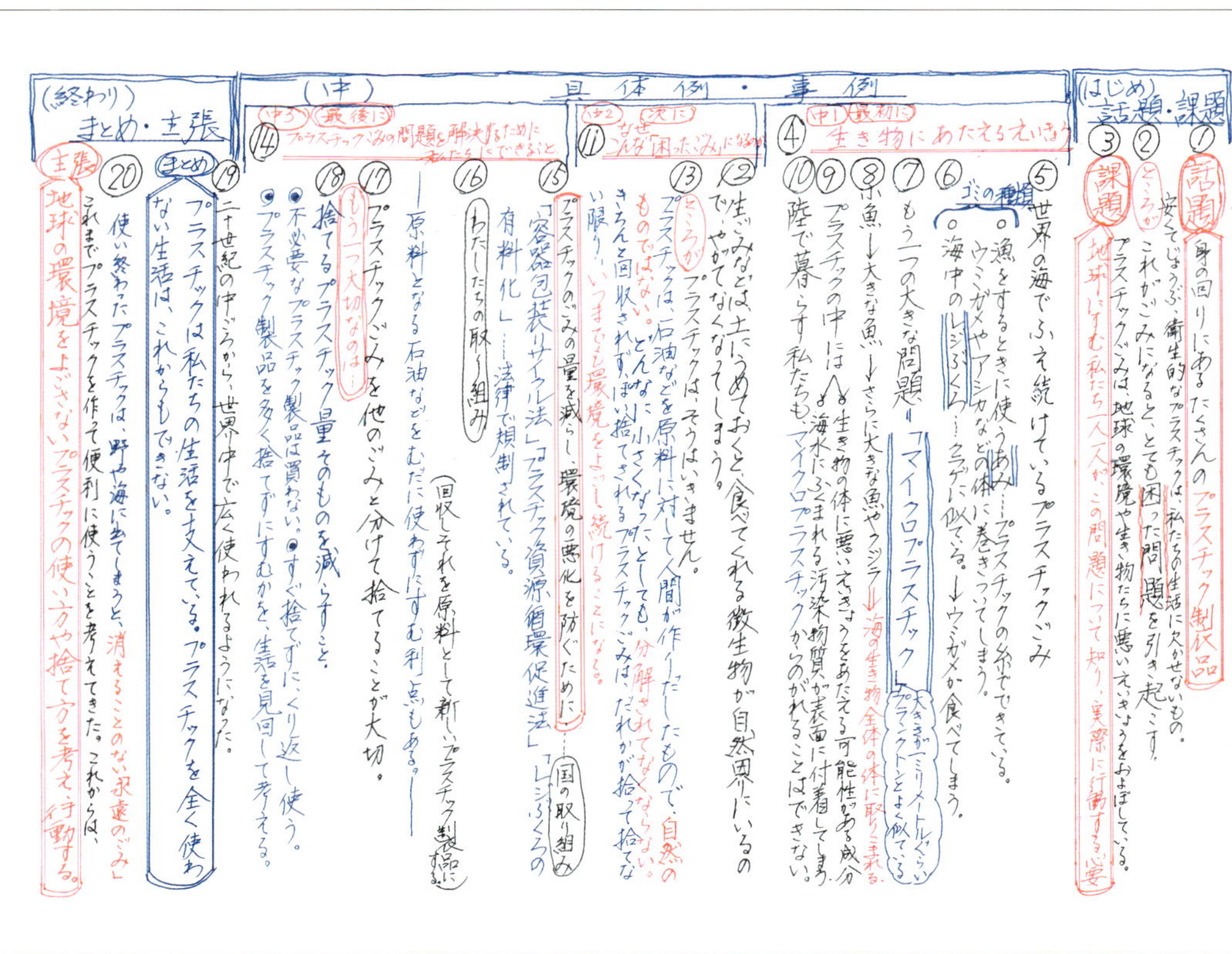

・プラスチックは私たちの生活に欠かせないが、ごみになると問題を引き起こすので、わたしたち一人一人が行動する必要がある。

③〈なか〉で筆者があげている事例・具体例は、何を伝えるためにあげているのかをとらえる

・海をただようプラスチックごみ、マイクロプラスチック→生き物にえいきょうをおよぼすことを伝えている。

・プラスチックは分解されない→いつまでも環境を汚し続けることを伝えている。

・プラスチックごみを減らす法律ができている→実際にプラスチックごみを減らす行動をすることが大切であることを伝えている。

④筆者の主張をとらえる

〈はじめ〉で示された結論に〈おわり〉で付け加えられた筆者の考えをとらえます。

⑤要約文を書く

①～④でとらえた内容を、指定された文字数に合わせてまとめます。

筆者は、ふえるプラスチック製品の「永遠のごみ」について、「生きものにあたえるえいきょう」と「環境をよごし続ける」ことを問題点としてあげている。しかし、プラスチックは私たちの生活を支え全く使わない生活はできないと主張している。その上で、地球の環境をよごさないプラスチックの使い方を考えて行動し、未来の人類にえいきょうを残さないようにしましょうとよびかけている。（179文字）（例）

※教科書ではこの教材文の後に二つの資料が添えられ、資料と関連付けてとらえる学習が示されています。そういった学習を行う場合でも、まずは主体となるこの教材文の内容や筆者の主張などをしっかりとらえておくことが前提となります。

宇宙への思い（東京書籍 六年）

①宇宙を知ることは、地球を、そして私たち人類を知ることにもつながる。

②宇宙に関わる人々は、どんなことに取り組んで、何を思っているのだろうか。

③宇宙からのながめが教えてくれること（油井亀美也）

3〜13

④二〇一五年に五か月間、国際宇宙ステーションで働く。新薬を開発する実験や小型の人工衛星を宇宙に放出する仕事を行った。

⑥みんなで環境を守らなければ、地球には人が住めなくなるのではないかと、強く考えるようになった。

⑨今なお地球上には、環境のことだけではない、いろいろな問題がある。しかし、今の私は、それらの問題も、きっと解決できるはずだと考えている。

⑭食品からつながる宇宙（込山立人）

14〜21

⑮宇宙飛行士が宇宙へ持っていく宇宙食や生活用品に関わる仕事をしている。

⑯宇宙食の種類、

- ○「標準食」
- ○「ボーナス食」
- ○「宇宙日本食」

⑱宇宙食の厳しい条件

- ◎健康維持に必要な栄養の確保
- ◎常温で保存、一年半の賞味期限

㉒宇宙に生命の起源を求めて（薮田ひかる）

㉓「はやぶさ２」の任務

小惑星リュウグウの石や砂を採取し、地球に持ち帰ってくること。

㉔リュウグウで採取した石や砂の成分を分析する研究をしている。

我々生命は、どのようにして生まれたのか。その答えを見つけるためのヒントが、リュウグウにかくされていると考えているから…。

㉕イトカワで採取した試料には、水や有機物はふくまれていない。

㉗水や有機物は、「生命のもと」

⑩ 言語も文化も歴史も異なる多くの国の宇宙飛行士が集まるISSでは、それぞれのちがいを否定せず、いいところを認め合う。

相手をよく知り、尊重し合う文化が地上に広がれば、いろいろな問題はどんどん解決して、地球はもっと住みやすくなるのではないか。

⑫ 問題に気づいてその解決策を考え、協力して進めていけることこそは、人間の持つすばらしい能力である。

仲間をたくさん作り、それらができるかどうかは、立場や考えのちがう人を、どれだけ理解できるかにかかっている。

⑬ どんな問題でも、みんなで力を合わせて解決することができれば、地球と人類の未来は明るいと信じる。

…の液体や粉末が飛び散らない。

⑲ 宇宙食の開発は、私たちの暮らしに役立つ技術を開発する。

災害食の開発

今後は、宇宙食と災害食の両方を開発していける仕組みを考えてたい。

⑳ 食品や生活用品というものでも宇宙につながることを知り、これまで以上に宇宙のことを身近にとらえられるようになる。

㉑ 宇宙というのは、それ自体がわくわくするものである。

食品や生活用品でも広大な宇宙につながり、開発や製造にわくわくしながら活動している。

この宇宙のみりょくを、もっと多くの人たちに知ってほしい。

と」ともいえる物質であり、リュウグウは、その「生命のもと」を貯蔵する貴重な小惑星だといえる。

㉘ 微惑星が合体と衝突をくり返し、地球などの惑星が作られる。

これまでの研究から、誕生したばかりの地球へ水や有機物をふくむ小惑星が大量に降り注ぎ、地球に「生命のもと」をもたらした可能性が高いのでは……！

㉙ 「はやぶさ2」がリュウグウの石や砂の採取に成功し持ち帰った。分析結果からなぞを解き明かそうとしている。その結果から明らかになることが楽しみ。

㉚ 宇宙に目を向け、思いをはせることで……

◎地球が存在することの尊さ。

◎人と人とが関係し合っていることの尊さを、今いちど感じてもらえたらと願う。

宇宙への思い（東京書籍６年）

教材の特徴

特徴1 三人の文章が、連続して並べられている

本教材は、冒頭に四行の文章があり、その後に、宇宙に関わる仕事をしている三人の文章が続いています。

これを、冒頭の無記名の文章と、三人が執筆した三つの文章の、合計四つの文章ととらえるべきか、全体で一つの文章ととらえるべきか、戸惑うこともあると思います。

国語の世界では、

「筆者、作者、編者などの考えや意図をくみとって文章を読み解くべきである」

という考え方と、

「筆者、作者、編者などの考えや意図とは切り離し、目の前にある文章からとらえることができることがらに絞って読み取るべきである」

という考え方があり、私は、後者の立場をとっています。

なぜならば、特に学校教育の一環として国語の教材を扱う場合、子どもたち全員が「共通の土俵」に立つことが必要だからです。人によってとらえ方が異なったり、根拠が明確ではないことを土台としてしまうと、「何を学ぶのか」「どう評価するのか」が曖昧なものとなってしまいます。

これらの立場に立って本教材を見た場合、「宇宙への思い」が本教材の題名であり、冒頭の四行の文章、油井亀美也さんの文章、込山立人さんの文章、薮田ひかるさんの文章からなる、一つの文章ととらえることができます。「宇宙からのながめが教えてくれること　油井亀美也」という一行は、小見出しの扱いです。

教材分析図の段落番号もこの考え方に則り、通しでつけています。

特徴2 三人の「どんなことに取り組んできたか」「何を思っているのか」が、それぞれ明確である

本教材は冒頭の四行の部分で、「宇宙に関わる人々は、どんなことに取り組んで、何を思っているのだろうか。」と、課題を提示しています。

その後に続く三人の文章では、それぞれの最初の部分で「取り組んでいること」が述べられ、最後の部分で「その仕事を通して思っていることが」が述べられており、それぞれをとらえやすい文章になっています。

特徴3 三人の文章の構成が、共通している

特徴2とも関連しますが、本教材の中の三人の文章の部分は、それぞれ、最初の段落または二番目の段落で取り組んでいることの概略を述べた上で、取り組んでいることの具体的な内容を述べています。最後に、それらの取り組みを通して感じたことを述べた上で、宇宙についての自分の思いや願いを述べています。

この構成が共通しているため、三人のそれぞれの「取り組んできたこと」と「何を思っているか」がとらえやすくなっているといえるでしょう。

単元の構想

1 問いをもつ

①教師が示す「課題」

三人の文章を読んで、感じたことを書きましょう。

②思考のズレ

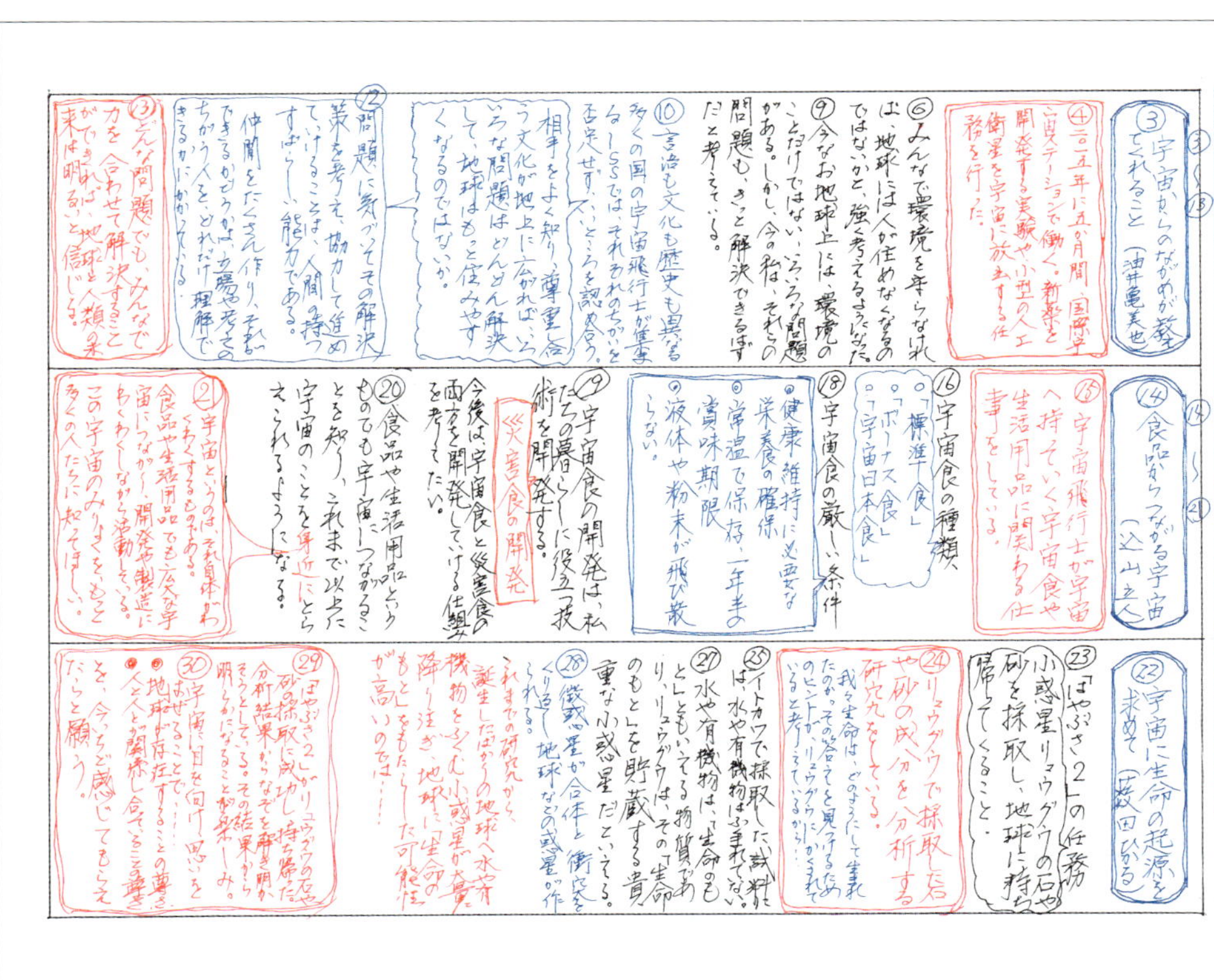

・何を書いていいか分からない。
・特に何も感じなかったら、どうすればいいの?

③思考のズレから生まれる子どもたちの問い

「文章を読んで感じたことを書く」って、どう書けばいいの?

2 問いの解決

①教材文が示している課題をとらえる

本教材では冒頭の四行で「宇宙に関わる人々は、どんなことに取り組んで、何を思っているのだろうか。」と、課題を提示しています。したがって、これが読みの観点となることを確認します。

②それぞれの「取り組んでいること」と「何を思っているか」をとらえる

とらえたものの中から、自分が興味をもったものや、強い意見をもったものを選びます。複数選んでも構いませんし、興味を引くものがどうしてもない場合は、そのままでも構いません。

③②で選んだものについて、選んだ理由と、選んだものに対する自分の考えを書く

興味をもてるものがなかった場合は、宇宙に興味をもてない理由と、どんなテーマだったら興味をもつことができるのかを書く。

「感じたことを書きなさい」と指示するだけでは、子どもの「書きたい」という意欲にはつながりません。また、評価を行うこともできません。

書く内容や書き方を明示することによって、子どもは書きやすくなると同時に、評価の基準も明確になります。

また、教材文の内容に対し、無理やりのように興味をもたせることも合利的ではないと考えます。なぜ自分はそのテーマに対して興味をもてないのかを説明できることの方が大切ではないでしょうか。

著者紹介

白石 範孝

（しらいし・のりたか）

明星大学教授

東京都の小学校教諭、筑波大学附属小学校教諭を経て、現職。
「考える国語」研究会主宰。用語／方法／原理・原則を根拠とした論理的な問いの解決を提案する「国語の問題解決学習」を提唱。白石範孝の教材研究オンラインセミナー（主催：東洋館出版社）、Web連載などで、国語授業の教養となる授業づくりの基礎技術や鉄則を提案している。

【単著】

- 『白石範孝の国語授業の教科書』東洋館出版社、2012年
- 『白石範孝の国語授業の技術』東洋館出版社、2013年
- 『白石範孝の国語授業　おさえておきたい指導の要点＆技術50』明治図書、2014年
- 『まるごととらえる国語教材の分析』文溪堂、2015年
- 『白石範孝集大成の授業　全時間・全板書』シリーズ、東洋館出版社、2016年
- 『白石範孝の国語授業 国語のツボをおさえた「考える国語」の授業づくり ―知識・技能をたしかに習得させる指導のワザ―』明治図書、2018年
- 『白石範孝の教材研究―教材分析と単元構想―』東洋館出版社、2020年
- 『白石範孝の国語授業の教養』東洋館出版社、2022年　.....など多数。

【編著】

- 『白石流国語授業シリーズ１物語の授業』東洋館出版社、2016年
- 『白石流国語授業シリーズ２説明文の授業』東洋館出版社、2016年
- 『白石流国語授業シリーズ３詩の授業』東洋館出版社、2016年
- 『国語授業を変える「原理・原則」Ⅰ　説明文編』文溪堂、2017年
- 『国語授業を変える「原理・原則」Ⅱ　物語・詩編』文溪堂、2017年
- 『深い学びが育つ「考える国語」の系統的授業のつくり方（考える国語BOOKS）』学事出版、2019年
- 『教材分析から課題、思考のズレ、問い、解決までわかる！論理的に思考する「考える国語」の授業づくり』明治図書、2021年
- 『新 国語授業を変える「用語」』文溪堂、2021年　.....など多数

続 白石範孝の教材研究

「課題」から生まれる「問い」とその論理的な解決

2024（令和6）年10月11日　初版第1刷発行

著　者　白石範孝
発行者　錦織圭之介
発行所　株式会社東洋館出版社
〒101-0054　東京都千代田区神田錦町2-9-1
コンフォール安田ビル
代　表　TEL：03-6778-4343　FAX：03-5281-8091
営業部　TEL：03-6778-7278　FAX：03-5281-8092
振　替　00180-7-96823
U R L　https://www.toyokan.co.jp

［編集協力］金子聡一（装文社）
［装幀・本文デザイン］中濱健治
［組版］株式会社明昌堂
［印刷・製本］株式会社シナノ

ISBN978-4-491-05426-1　Printed in Japan

JCOPY ＜(社)出版者著作権管理機構 委託出版物＞
本書の無断複写は著作権法上での例外を除き禁じられています。複写される場合は、そのつど事前に、(社)出版者著作権管理機構（電話：03-5244-5088、FAX：03-5244-5089、e-mail：info@jcopy.or.jp）の許諾を得てください。